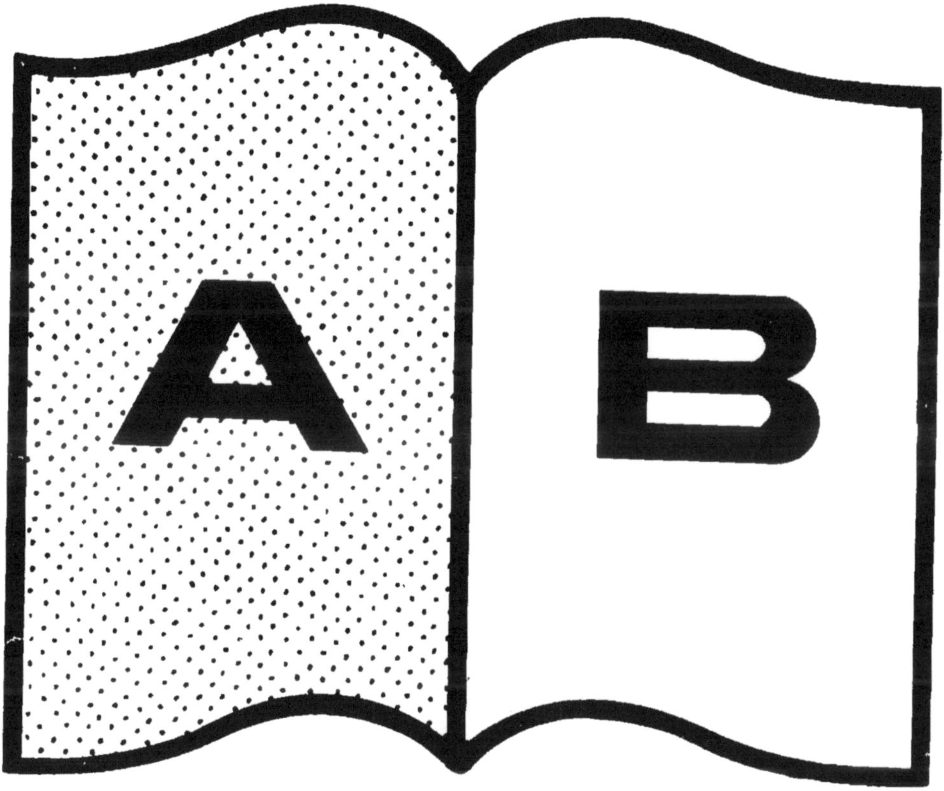

Contraste insuffisant

NF Z 43-120-14

ENCYCLOPÉDIE-RORET.

FACTEUR D'ORGUES.

ATLAS.

ENCYCLOPÉDIE-RORET.

NOUVEAU MANUEL COMPLET

DU

FACTEUR D'ORGUES.

ATLAS.

PARIS,
A LA LIBRAIRIE ENCYCLOPÉDIQUE DE RORET,
RUE HAUTEFEUILLE, 10 BIS.
1848

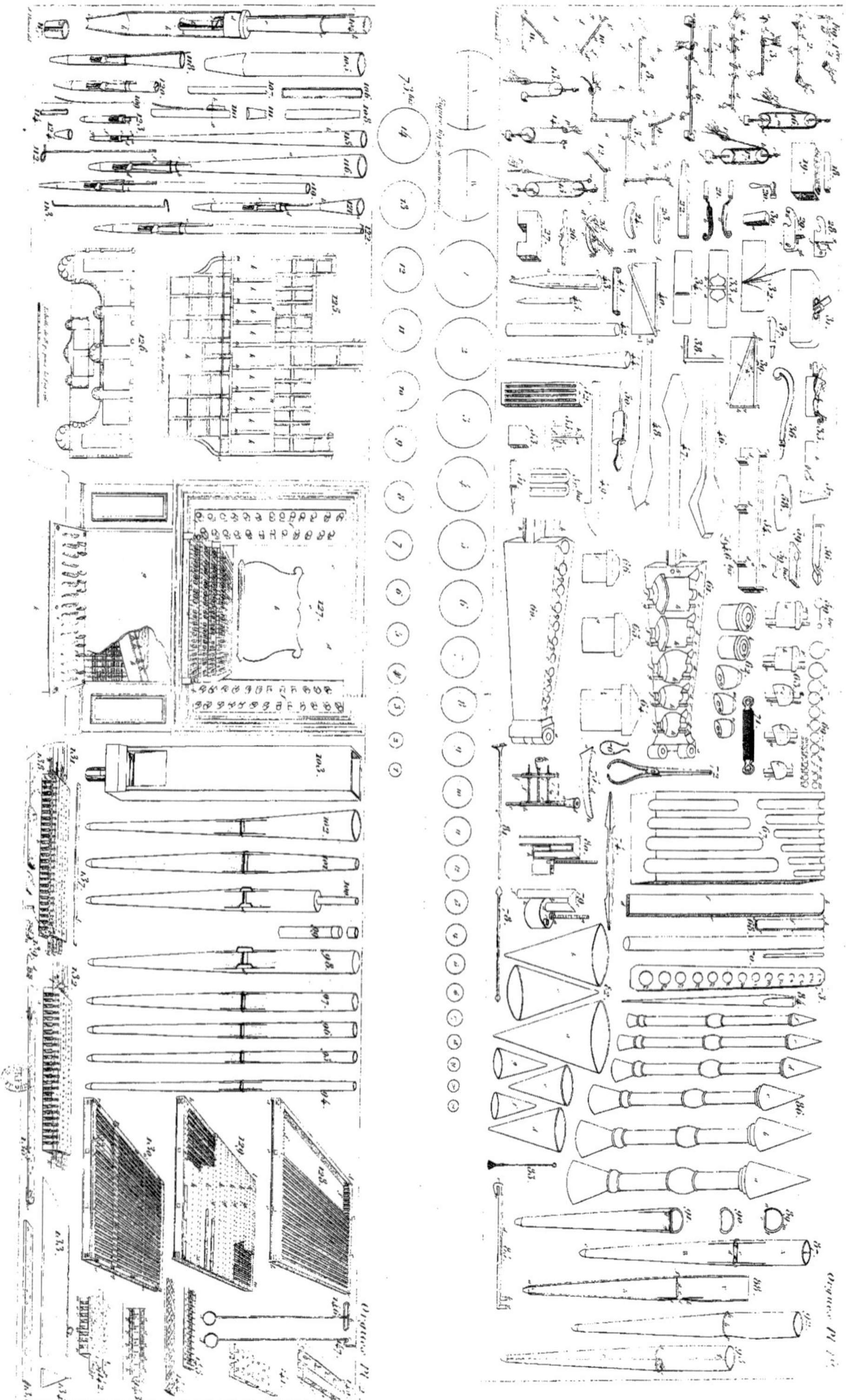

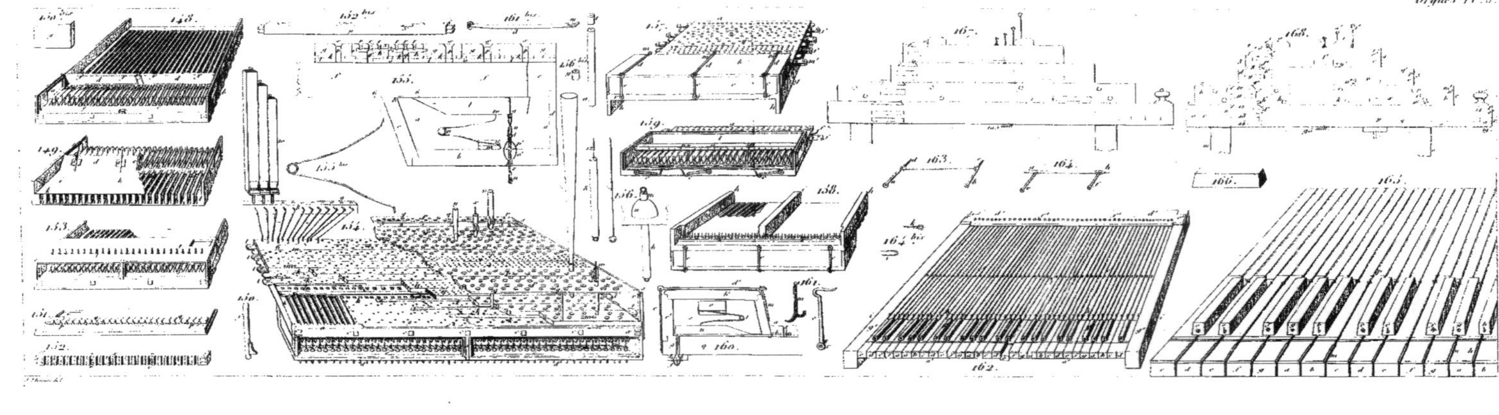
Orgues Pl. 3.

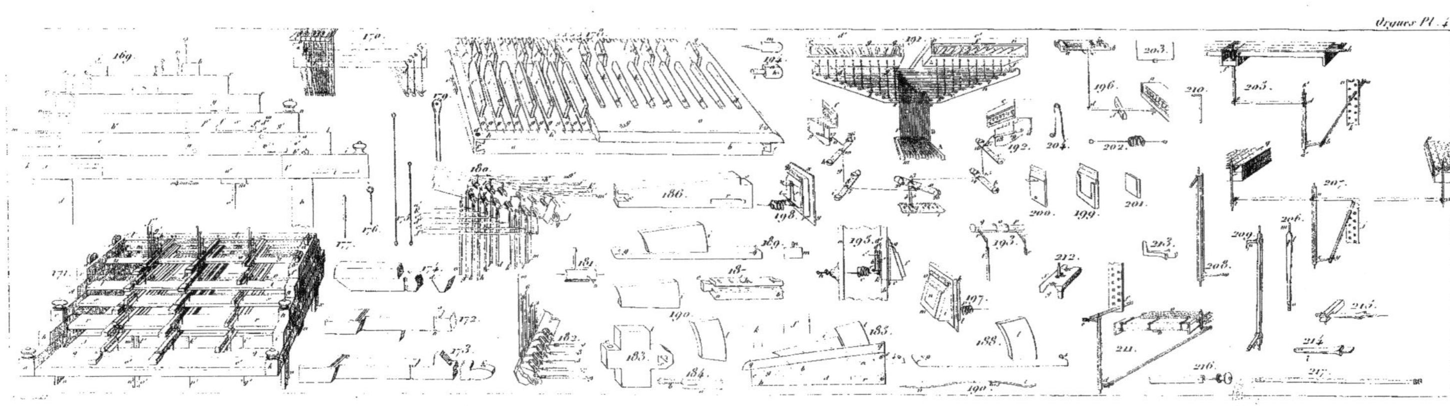
Orgues Pl. 4.

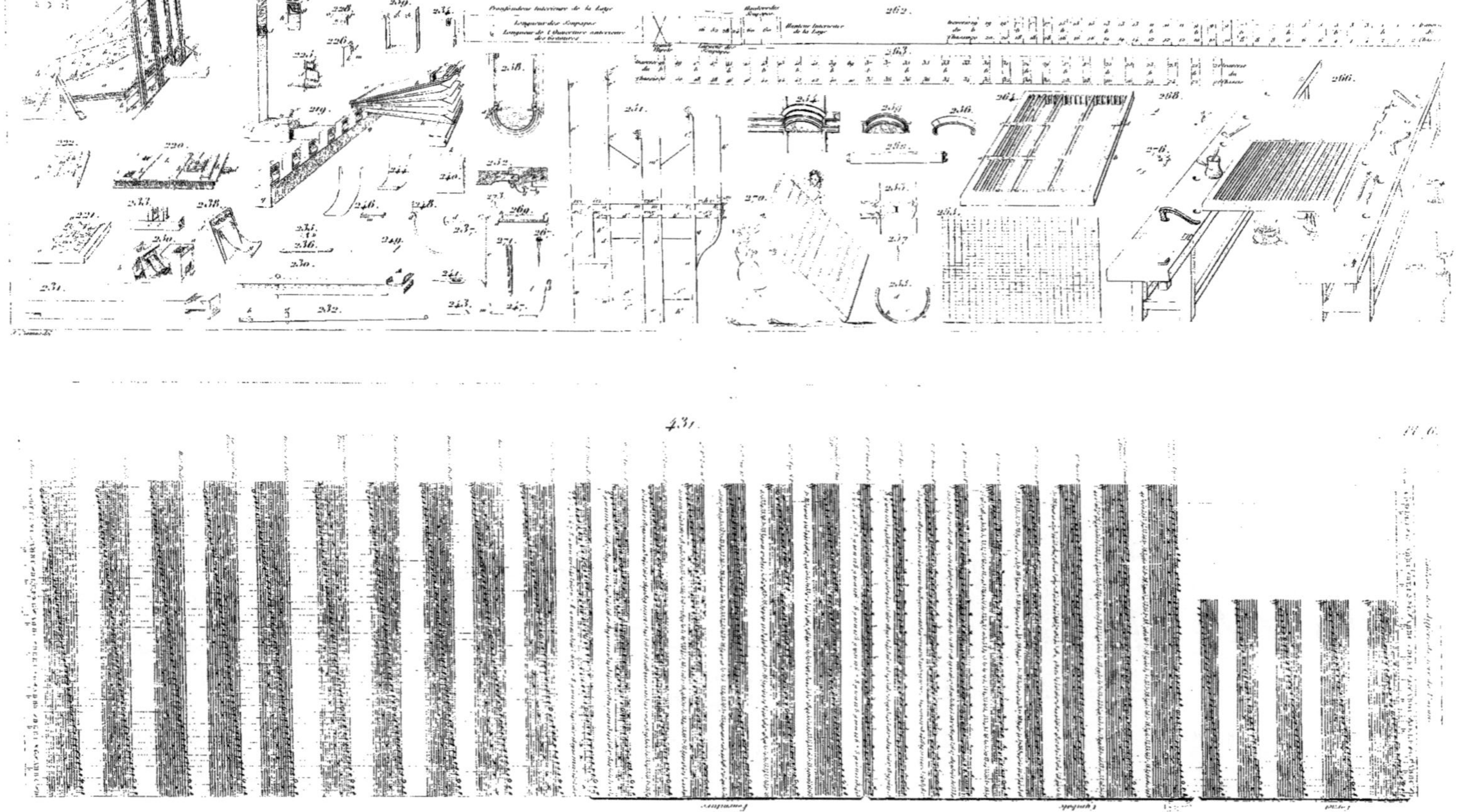

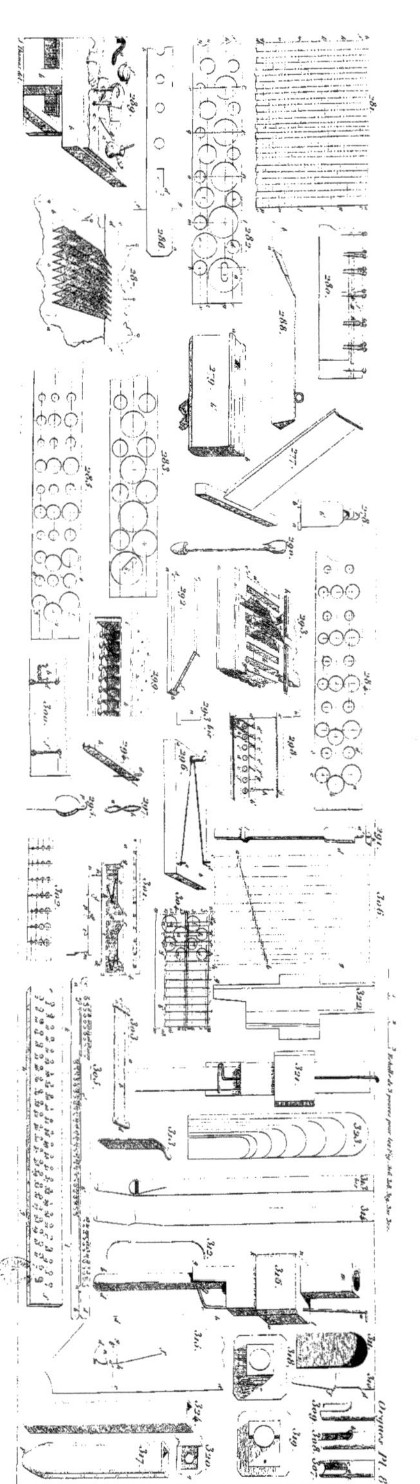

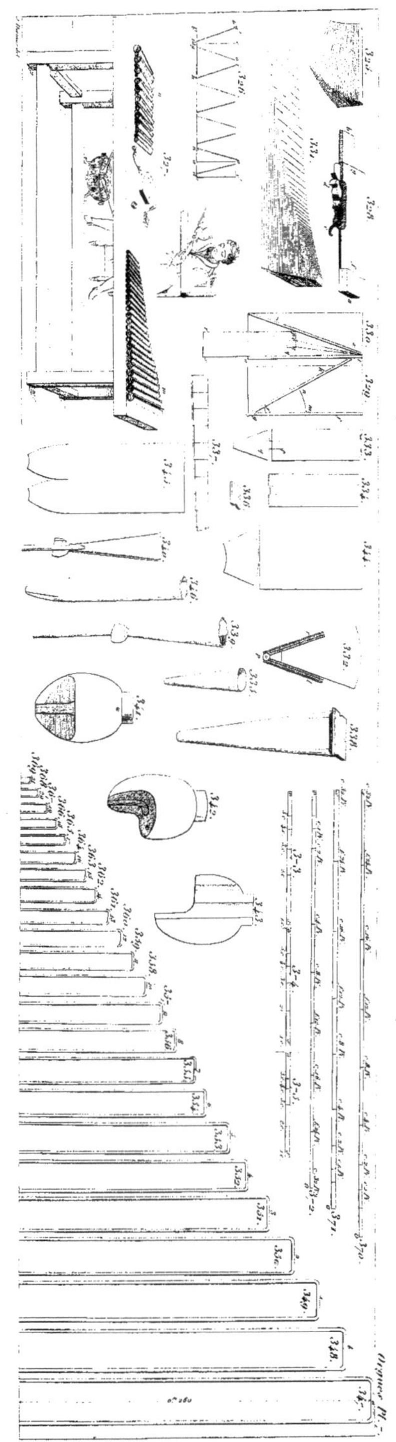

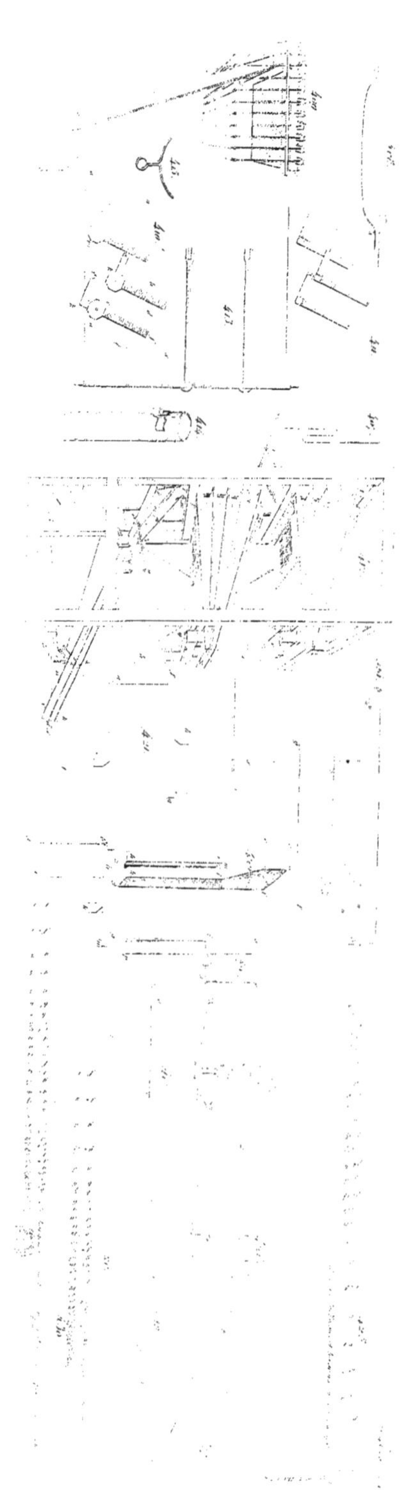
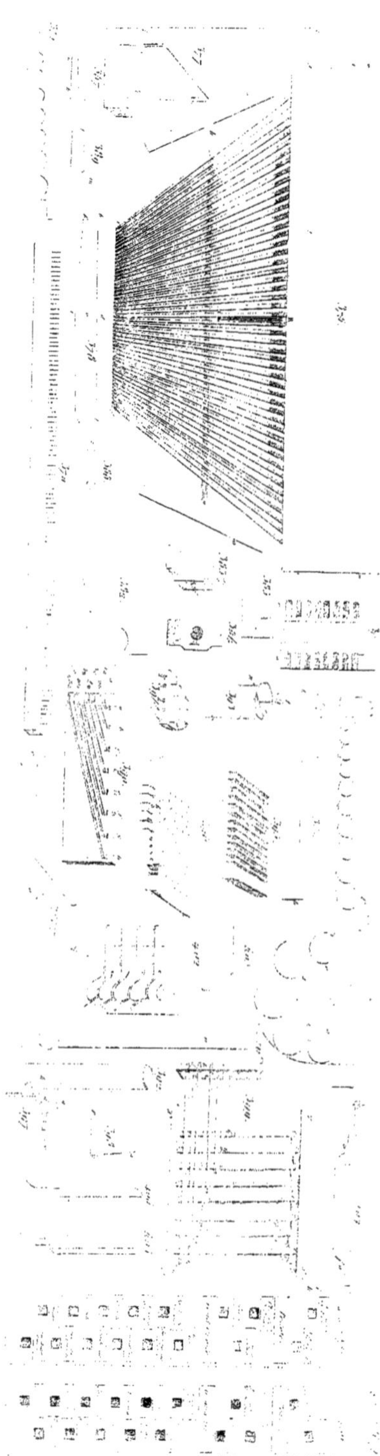

Diapason du 32 pieds ouvert et du 16 pieds ouvert.

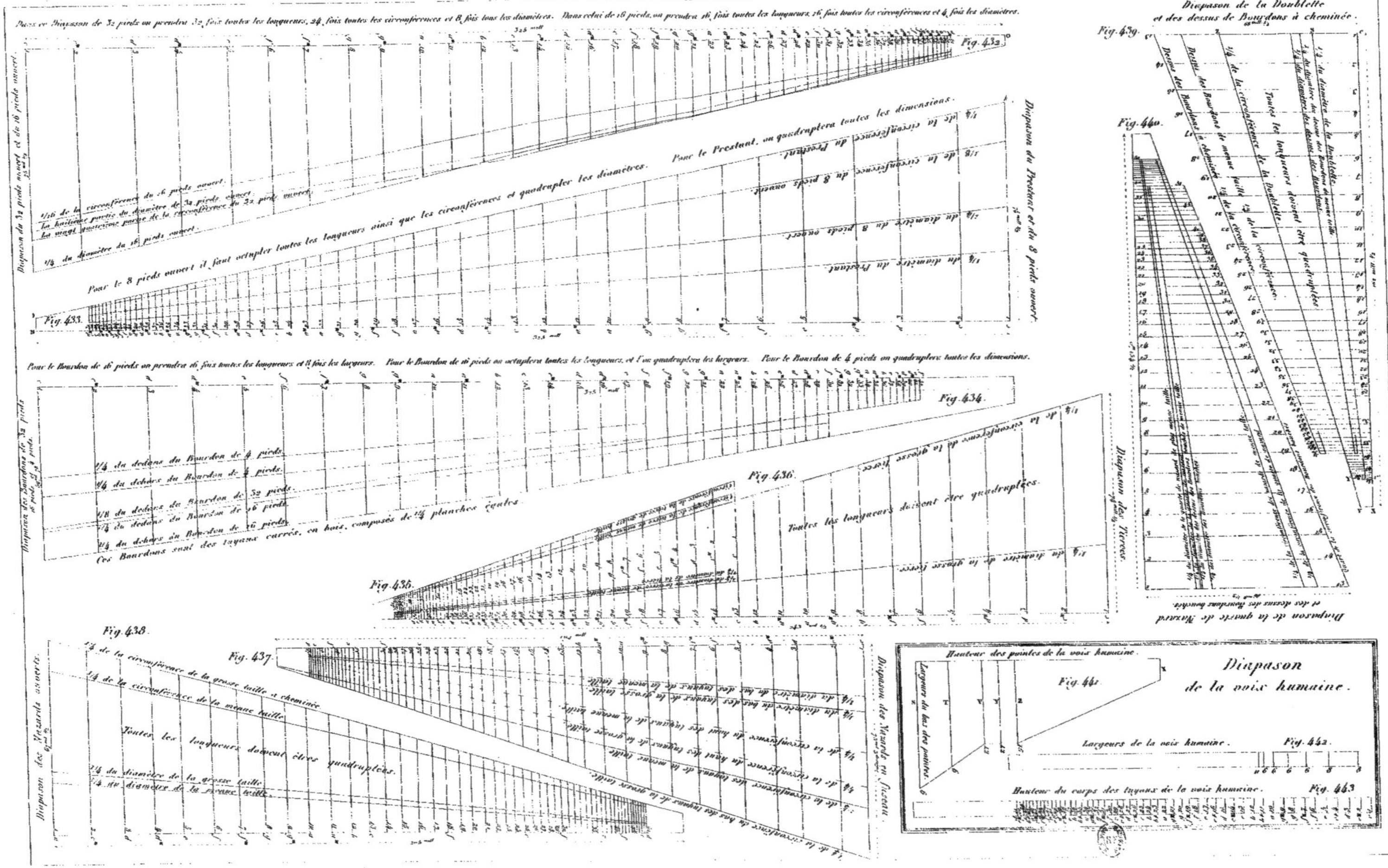

Dans ce Diapason de 32 pieds on prendra 32 fois toutes les longueurs, 24 fois toutes les circonférences et 8 fois tous les diamètres. Dans celui de 16 pieds, on prendra 16 fois toutes les longueurs, 16 fois toutes les circonférences et 4 fois les diamètres.

Fig. 432.

1/16 de la circonférence du 16 pieds ouvert.
La huitième partie du diamètre de 32 pieds ouvert.
La vingt quatrième partie de la circonférence du 32 pieds ouvert.
1/4 du diamètre du 16 pieds ouvert.

Diapason du Prestant et du 8 pieds ouvert.

Fig. 433.

Pour le 8 pieds ouvert il faut octupler toutes les longueurs ainsi que les circonférences et quadrupler les diamètres. Pour le Prestant, on quadruplera toutes les dimensions.

1/4 de la circonférence du Prestant.
1/8 de la circonférence du 8 pieds ouvert.
1/2 du diamètre du 8 pieds ouvert.
1/4 du diamètre du Prestant.

Diapason des Bourdons de 32 pieds, 16 pieds et 4 pieds.

Pour le Bourdon de 16 pieds on prendra 16 fois toutes les longueurs et 8 fois les largeurs. Pour le Bourdon de 16 pieds on octuplera toutes les longueurs, et l'on quadruplera les largeurs. Pour le Bourdon de 4 pieds on quadruplera toutes les dimensions.

Fig. 434.

1/4 du dedans du Bourdon de 4 pieds.
1/4 du dehors du Bourdon de 4 pieds.
1/8 du dedans du Bourdon de 32 pieds.
1/4 du dedans du Bourdon de 16 pieds.
1/4 du dehors du Bourdon de 16 pieds.

Ces Bourdons sont des tuyaux carrés, en bois, composés de 4 planches égales.

Diapason des Tierces.

Fig. 435.

Fig. 436.

1/4 de la circonférence de la grosse tierce.
Toutes les longueurs doivent être quadruplées.
1/4 du diamètre de la grosse tierce.

Diapason des Nazards ouverts.

Fig. 437.

Fig. 438.

1/4 de la circonférence de la grosse taille à cheminée.
1/4 de la circonférence de la menue taille.
Toutes les longueurs doivent êtres quadruplées.
1/4 du diamètre de la grosse taille.
1/4 du diamètre de la menue taille.

Diapason des Nazards en fuseau.

1/4 du diamètre du bas des tuyaux de la menue taille.
1/4 du diamètre du bas des tuyaux de la grosse taille.
1/4 de la circonférence du haut des tuyaux de la grosse taille.
1/4 de la circonférence du haut des tuyaux de la menue taille.
1/4 de la circonférence des tuyaux de la menue taille.
1/4 de la circonférence du bas des tuyaux de la grosse taille.

Diapason de la Doublette et des dessus de Bourdons à cheminée.

Fig. 439.

1/4 du diamètre de la Doublette.
1/4 du diamètre des dessus des Bourdons de menue taille.
1/4 du diamètre des dessus des Bourdons.
Toutes les longueurs doivent être quadruplées.
1/4 de la circonférence de la Doublette.
Dessus des Bourdons de menue taille 1/4 de la circonférence.
Dessus des Bourdons à cheminée.

Diapason de la quarte de Nazard et des dessus des Bourdons bouchés.

Fig. 440.

Diapason de la voix humaine.

Fig. 441.

Hauteur des pointes de la voix humaine.
Largeur du bas des pointes.
Largeurs de la voix humaine.

Fig. 442.

Hauteur du corps des tuyaux de la voix humaine.

Fig. 443.

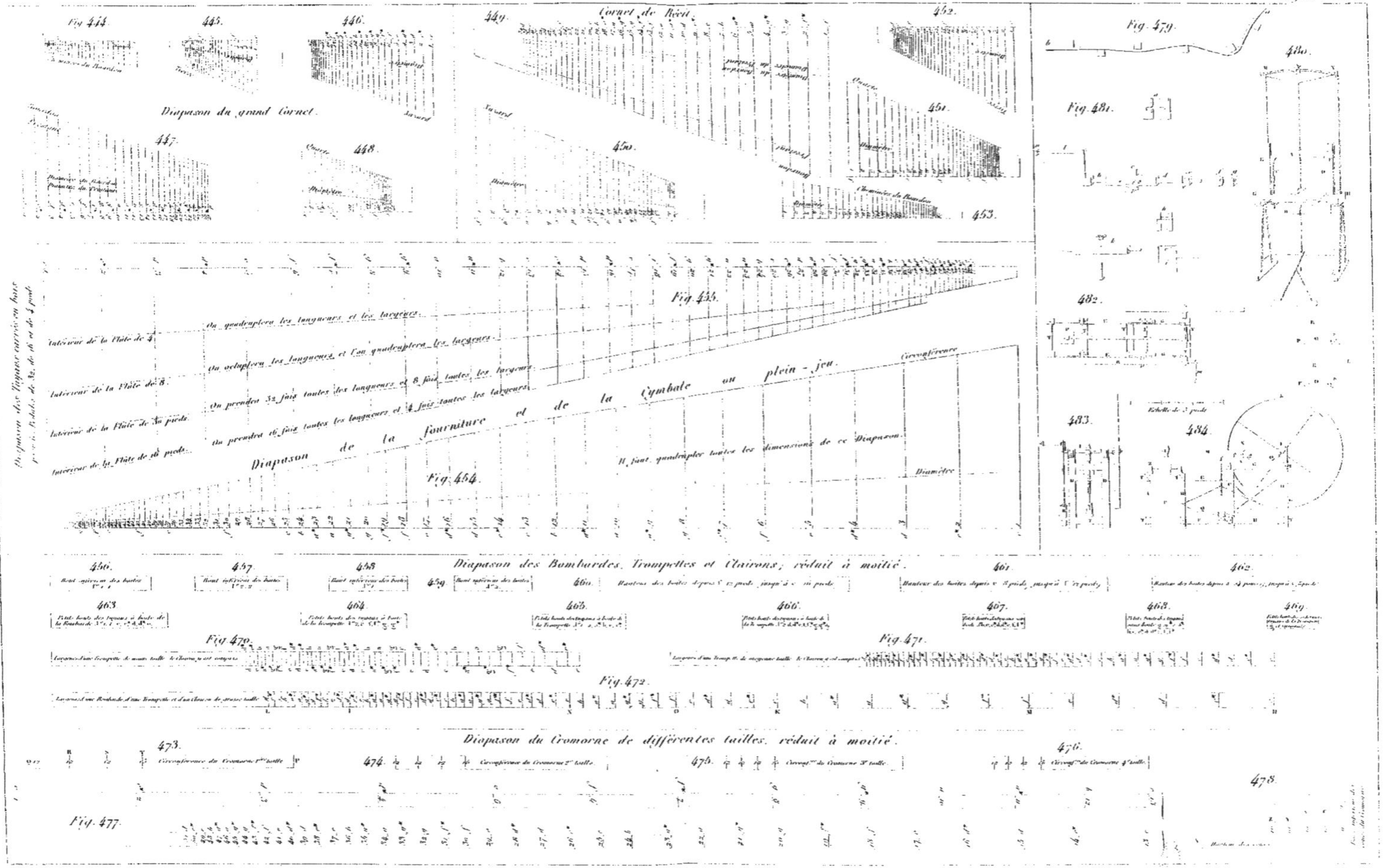

Fig. 444. 445. 446.

Diapason du grand Cornet.

447. 448.

449. Cornet de Récit.

450. 451. 452. 453.

Diapason des Tuyaux carrés en bois pour les Flûtes de 32, de 16 et de 4 pieds.

Intérieur de la Flûte de 4.

Intérieur de la Flûte de 8.

Intérieur de la Flûte de 32 pieds.

Intérieur de la Flûte de 16 pieds.

On quadruplera les longueurs et les largeurs.

On octuplera les longueurs, et l'on quadruplera les largeurs.

On prendra 32 fois toutes les longueurs et 8 fois toutes les largeurs.

On prendra 16 fois toutes les longueurs et 4 fois toutes les largeurs.

Fig. 455.

Diapason de la fourniture et de la Cymbale ou plein-jeu.

Fig. 454.

Il faut quadrupler toutes les dimensions de ce Diapason.

Circonférence

Diamètre

Diapason des Bombardes, Trompettes et Clairons, réduit à moitié.

456. 457. 458. 459. 460. 461. 462.

463. 464. 465. 466. 467. 468. 469.

Fig. 470. Fig. 471. Fig. 472.

Diapason du Cromorne de différentes tailles, réduit à moitié.

473. Circonférence du Cromorne 1re taille.

474. Circonférence du Cromorne 2e taille.

475. Circonfce du Cromorne 3e taille.

476. Circonfce du Cromorne 4e taille.

Fig. 477. 478.

Fig. 479. 480. Fig. 481. 482. 483. 484.

Échelle de 3 pieds

501.
502.
Gravé par Maisy

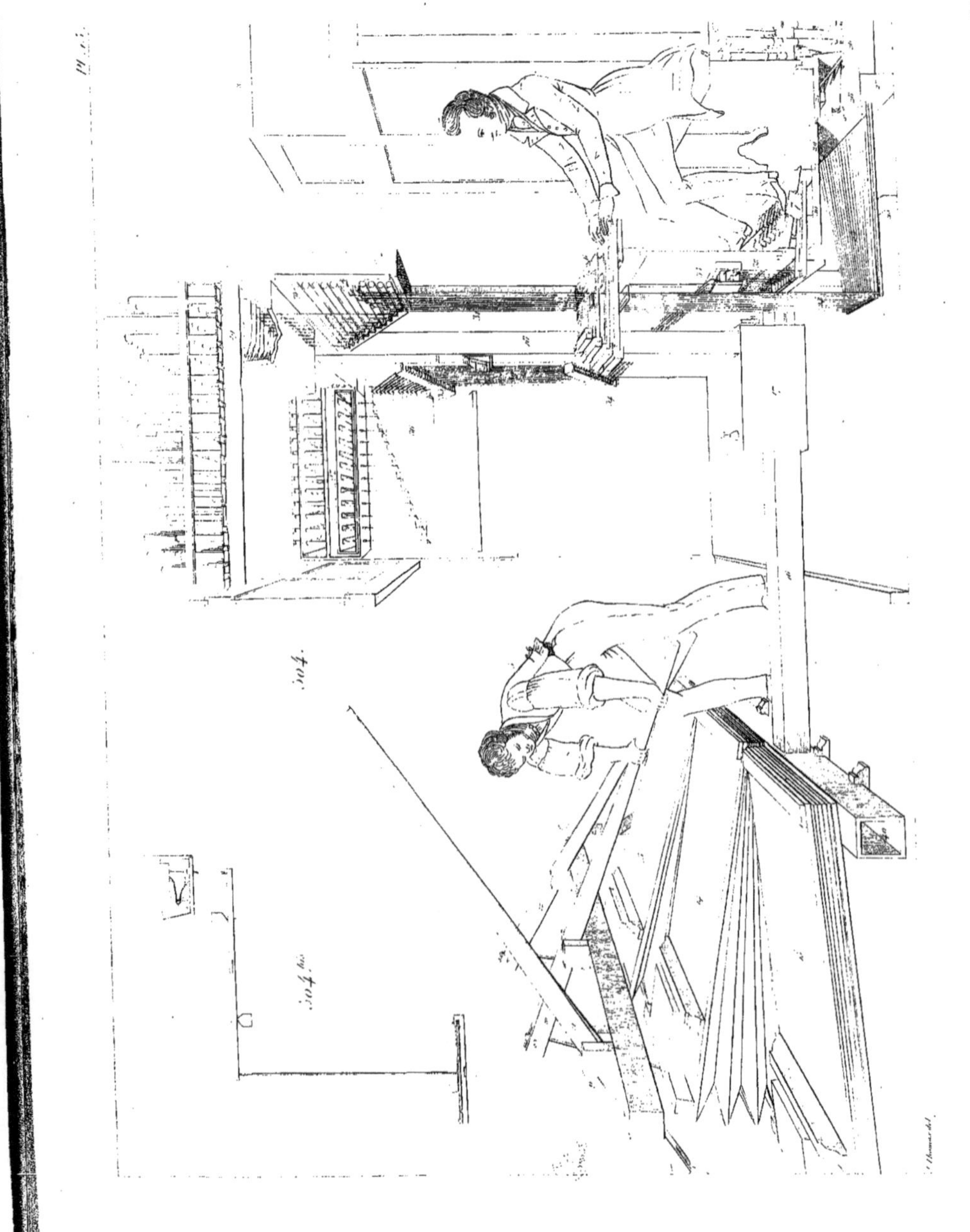

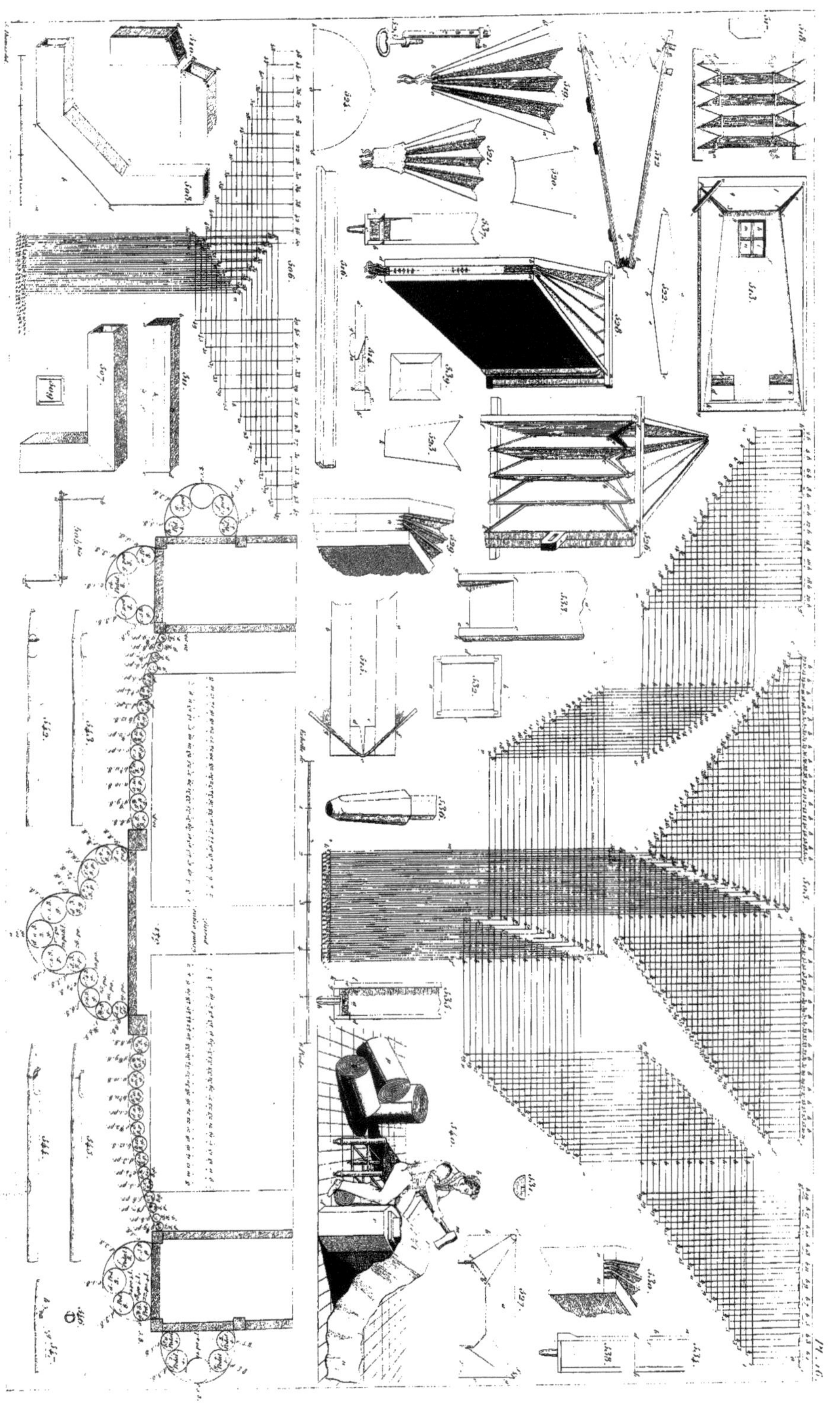

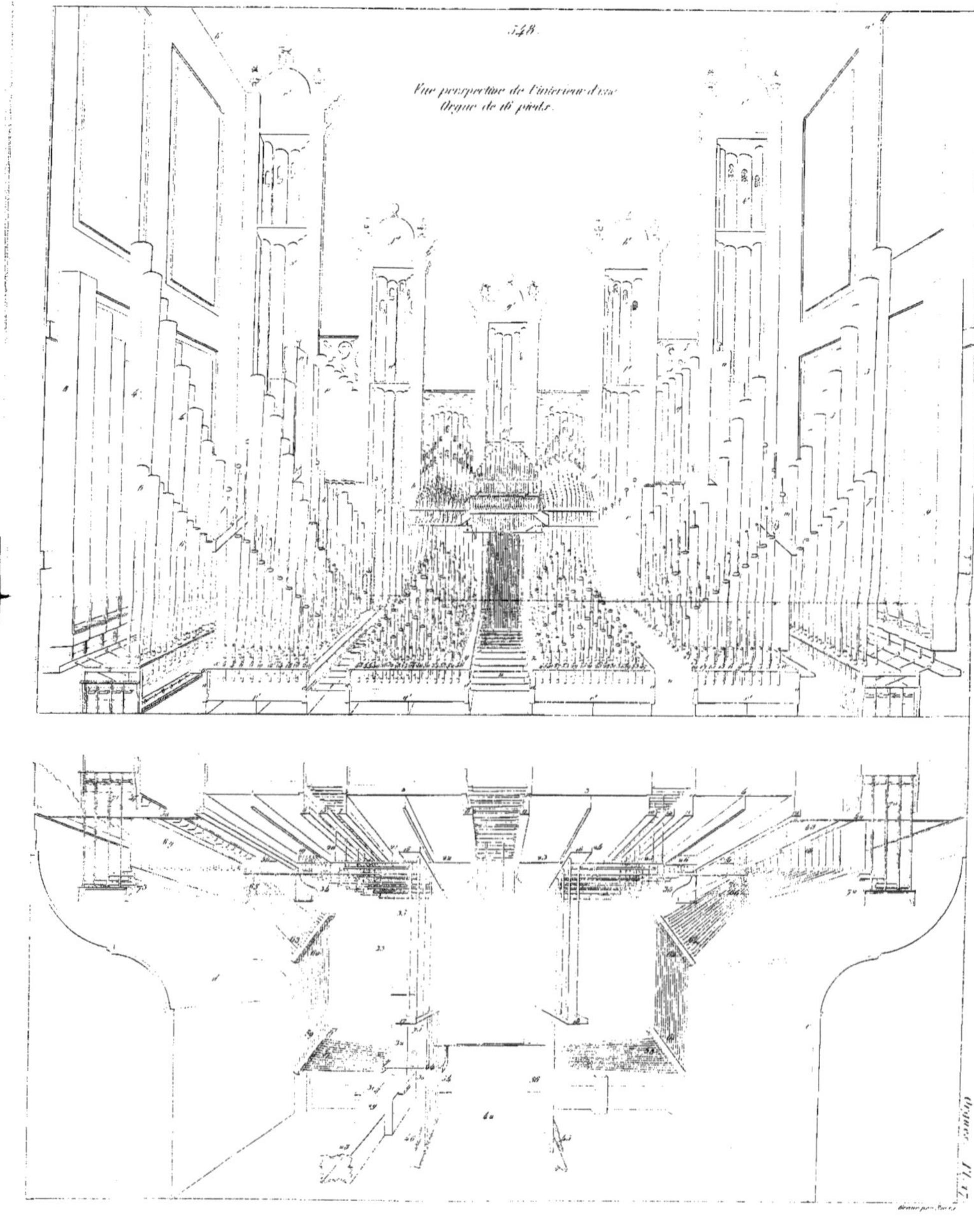
548.
Vue perspective de l'intérieur d'un
Orgue de 16 pieds.
Orgue Pl. 47

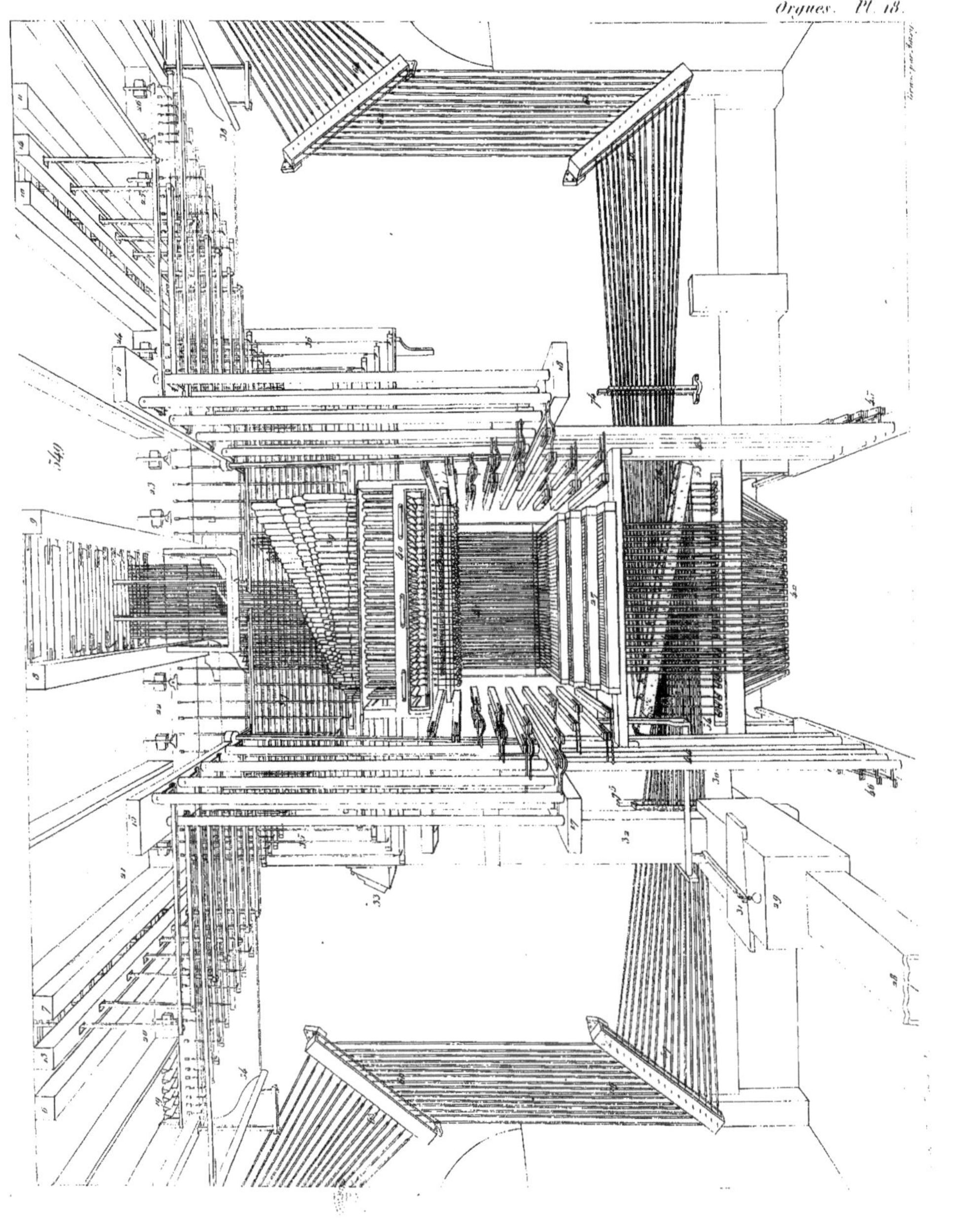

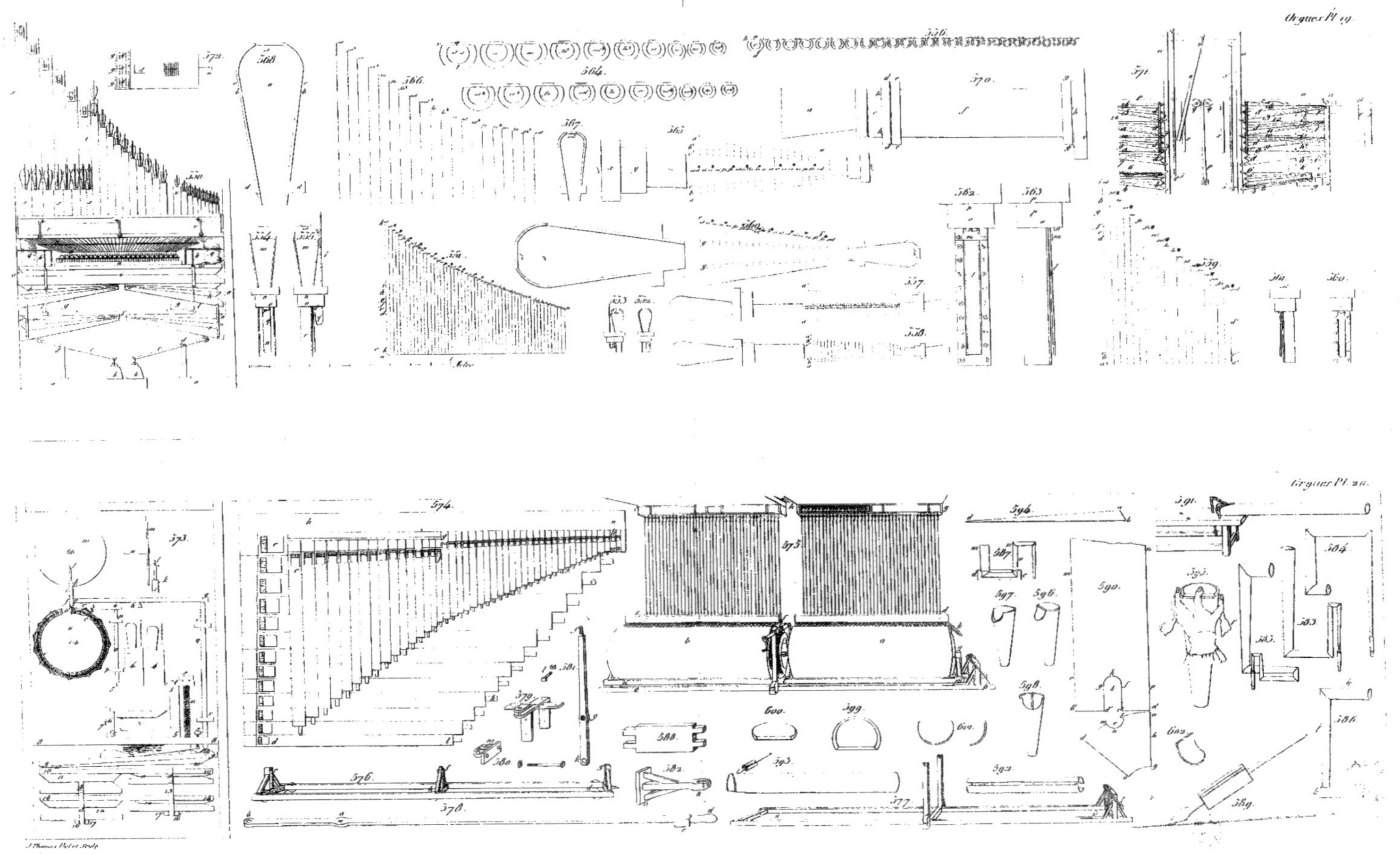
Orgues Pl. 19.
Orgues Pl. 20.

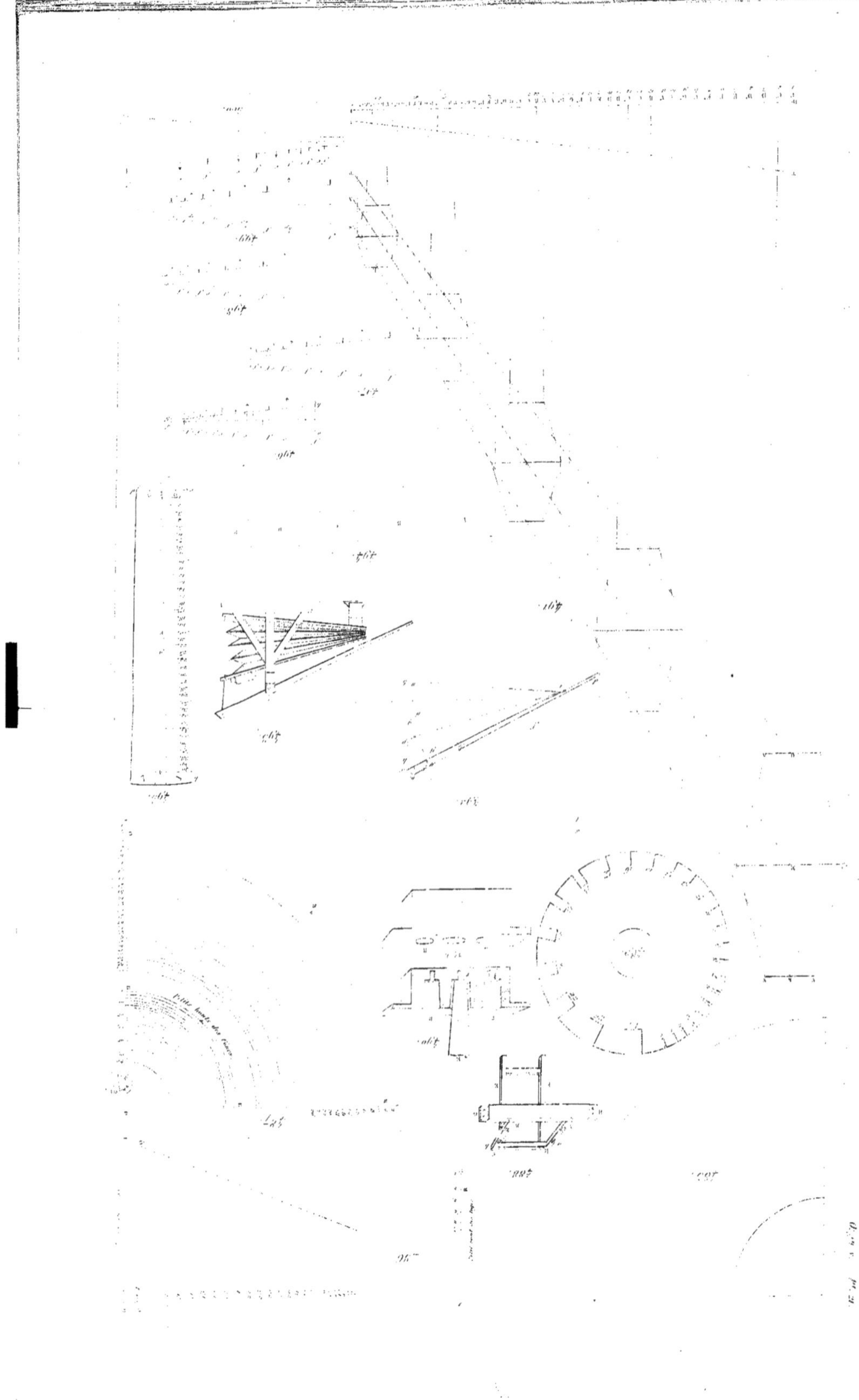

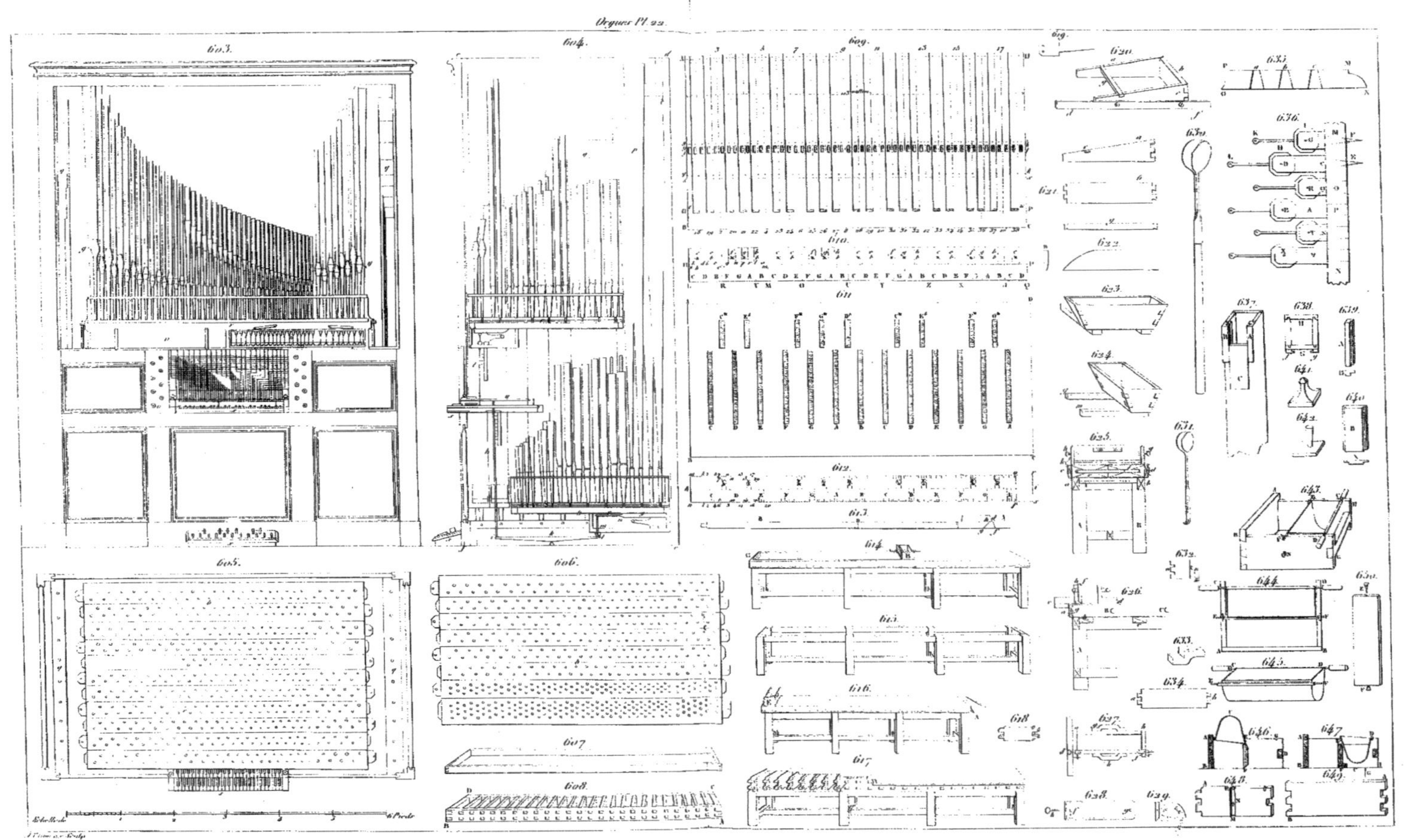
603.
604.
609.
610.
611.
612.
613.
614.
615.
616.
617.
618.
605.
606.
607.
608.
619.
620.
621.
622.
623.
624.
625.
626.
627.
628.
629.
630.
631.
632.
633.
634.
635.
636.
637.
638.
639.
640.
641.
642.
643.
644.
645.
646.
647.
648.
649.
650.
Echelle de
6 Pieds

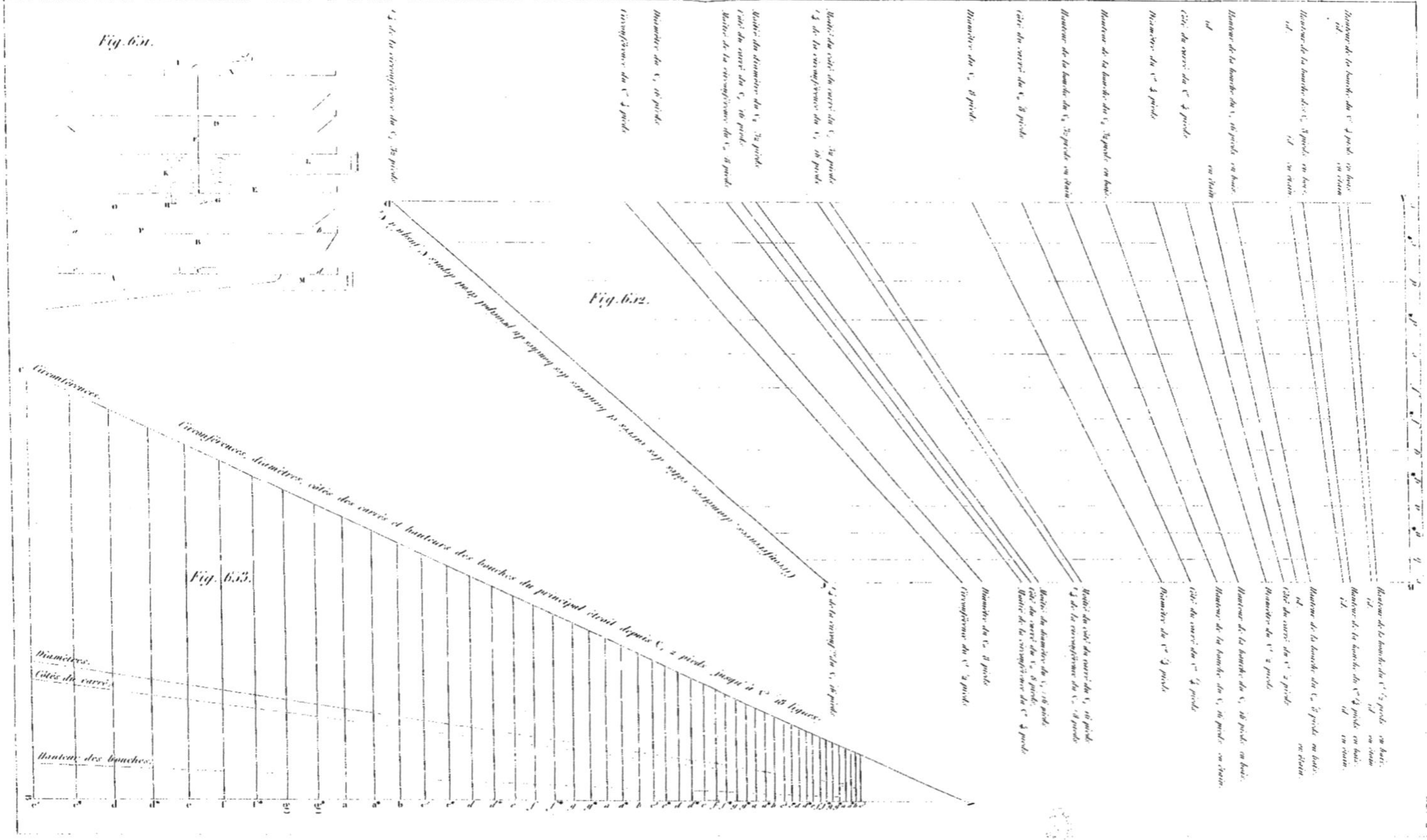

Fig. 611.

Fig. 612.

Circonférences, diamètres, côtés des carrés et hauteurs des bouches du principal étroit depuis C 32 pieds jusqu'à C 2 pieds.

Hauteur de la bouche du C 4 pieds en bois.
id. en étain
Hauteur de la bouche de C 8 pieds en bois.
id. id. en étain
Hauteur de la bouche du C 16 pieds en bois.
id. en étain
Côté du carré du C 4 pieds
Diamètre du C 4 pieds
Hauteur de la bouche du C 32 pieds en bois.
Hauteur de la bouche du C 32 pieds en étain
Côté du carré du C 8 pieds
Diamètre du C 8 pieds
Moitié du côté du carré du C 32 pieds
¼ de la circonférence du C 16 pieds
Moitié du diamètre du C 32 pieds
Côté du carré du C 16 pieds
Moitié de la circonférence du C 8 pieds
Diamètre du C 16 pieds
Circonférence du C 4 pieds
¼ de la circonférence du C 32 pieds

¼ de la circonf.ce du C 16 pieds
Circonférence du C 2 pieds
Diamètre du C 8 pieds
Moitié du côté du carré du C 16 pieds
¼ de la circonférence du C 8 pieds
Moitié du diamètre du C 16 pieds
Côté du carré du C 8 pieds
Moitié de la circonférence du C 4 pieds
Diamètre du C 4 pieds
Côté du carré du C 4 pieds
Hauteur de la bouche du C 16 pieds en bois.
Hauteur de la bouche du C 16 pieds en étain.
Diamètre du C 2 pieds.
Côté du carré du C 2 pieds
id.
Hauteur de la bouche du C 8 pieds en bois.
en étain
Hauteur de la bouche du C 4 pieds en bois.
id. id. en étain
Hauteur de la bouche du C 2 pieds en bois.
id. id. en étain

Fig. 613.

Circonférences.

Circonférences, diamètres, côtés des carrés et hauteurs des bouches du principal étroit depuis C 2 pieds jusqu'à C 18 lignes.

Diamètres.

Côtés du carré.

Hauteur des bouches.

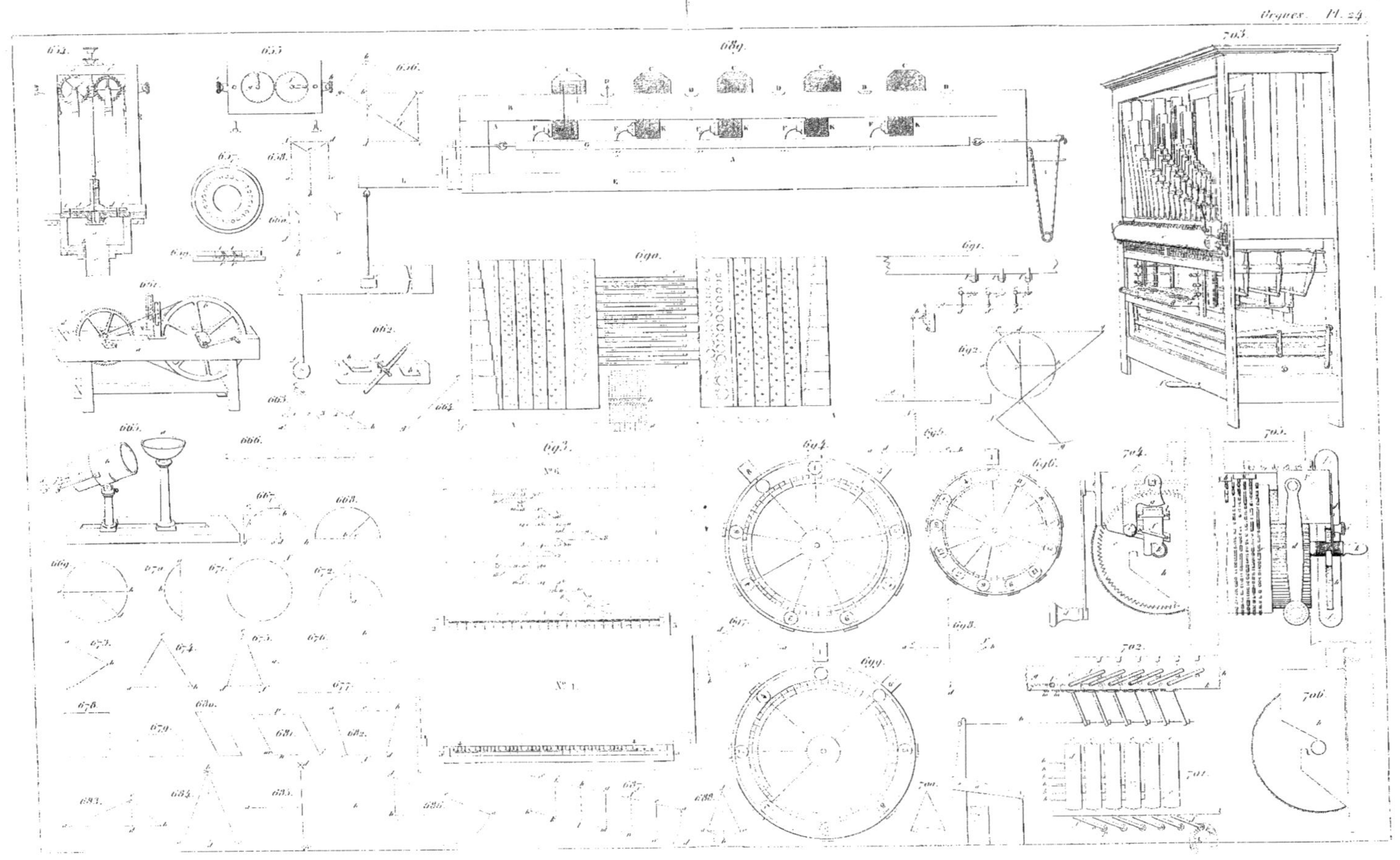

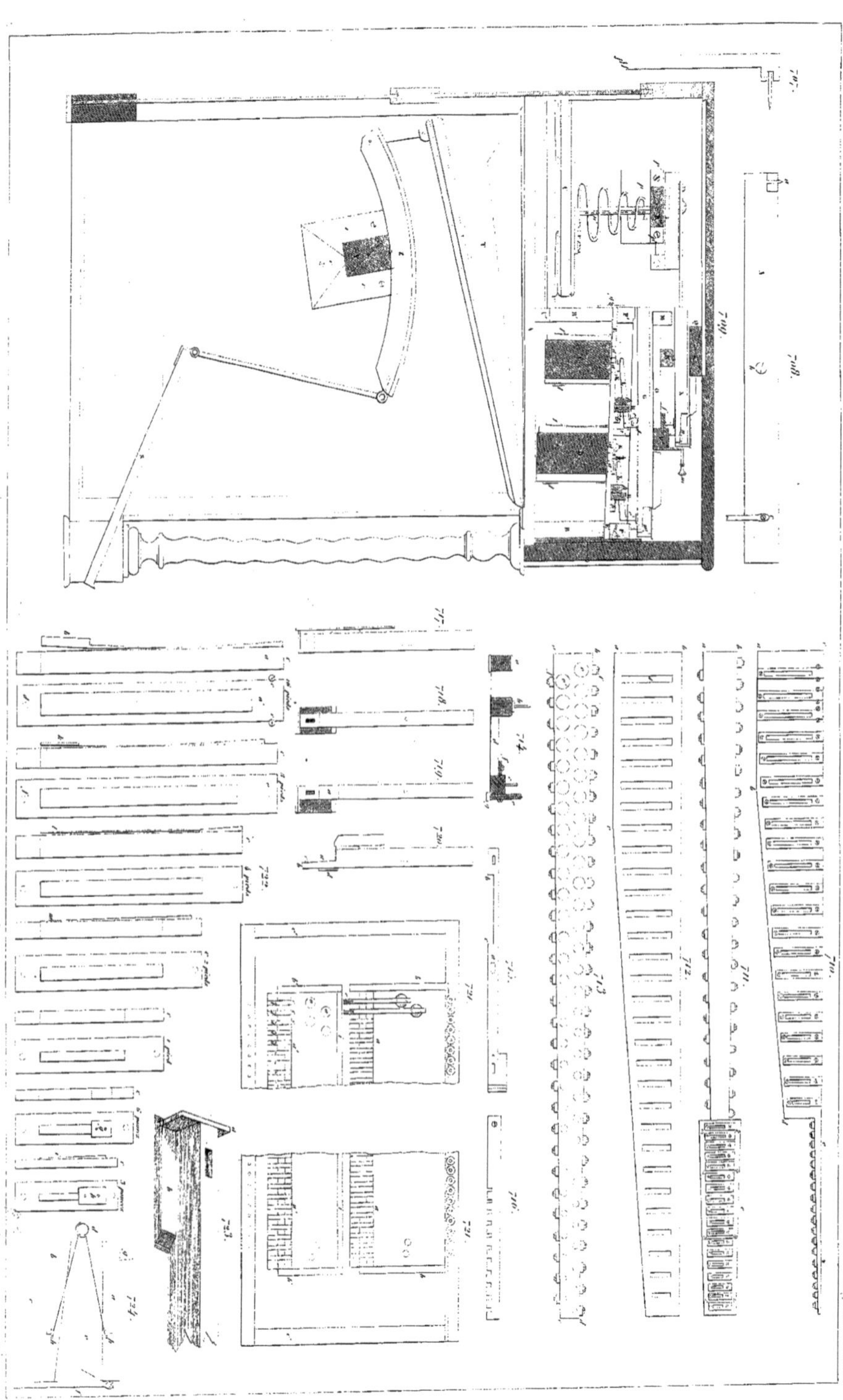

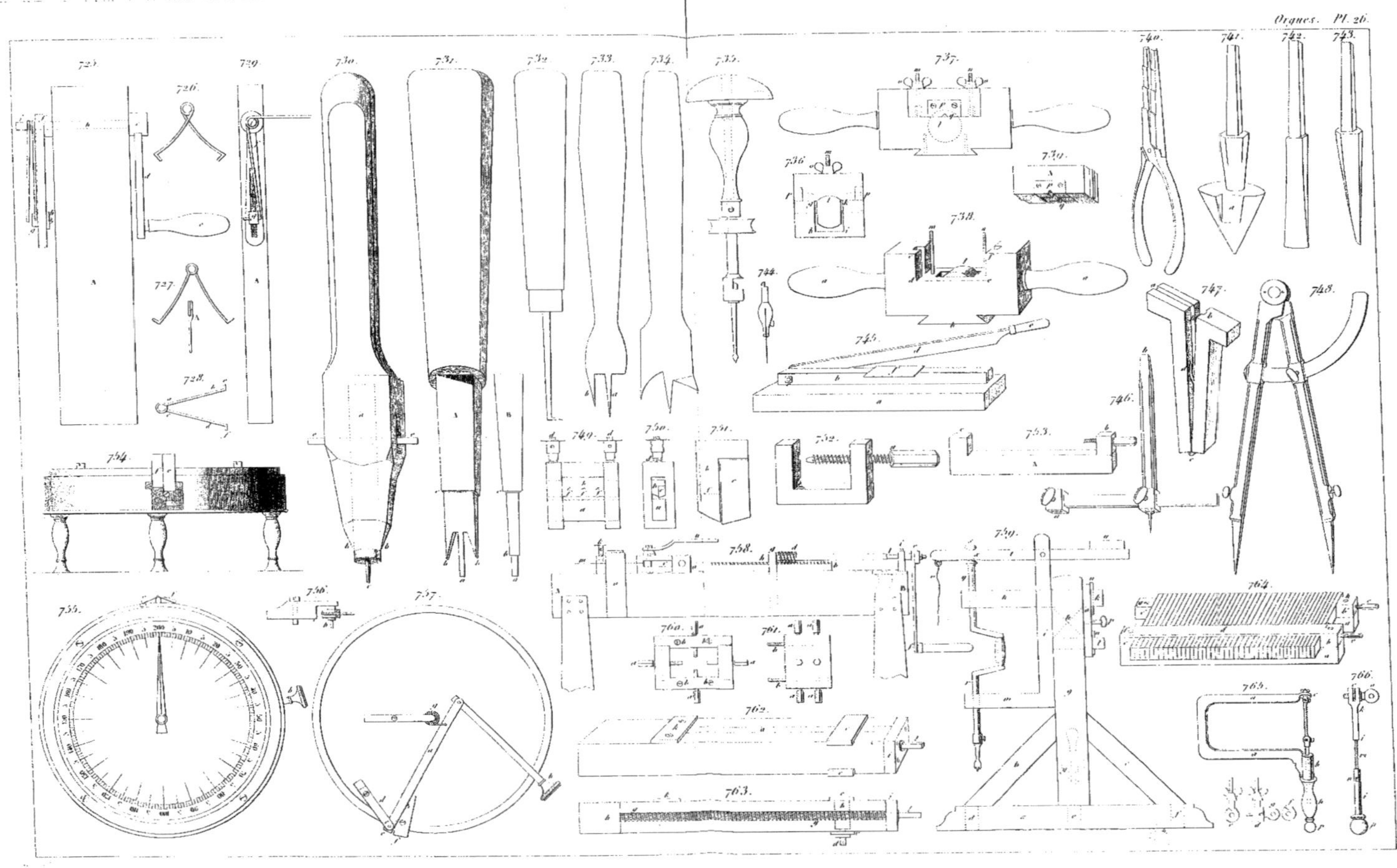
Orgues. Pl. 26.

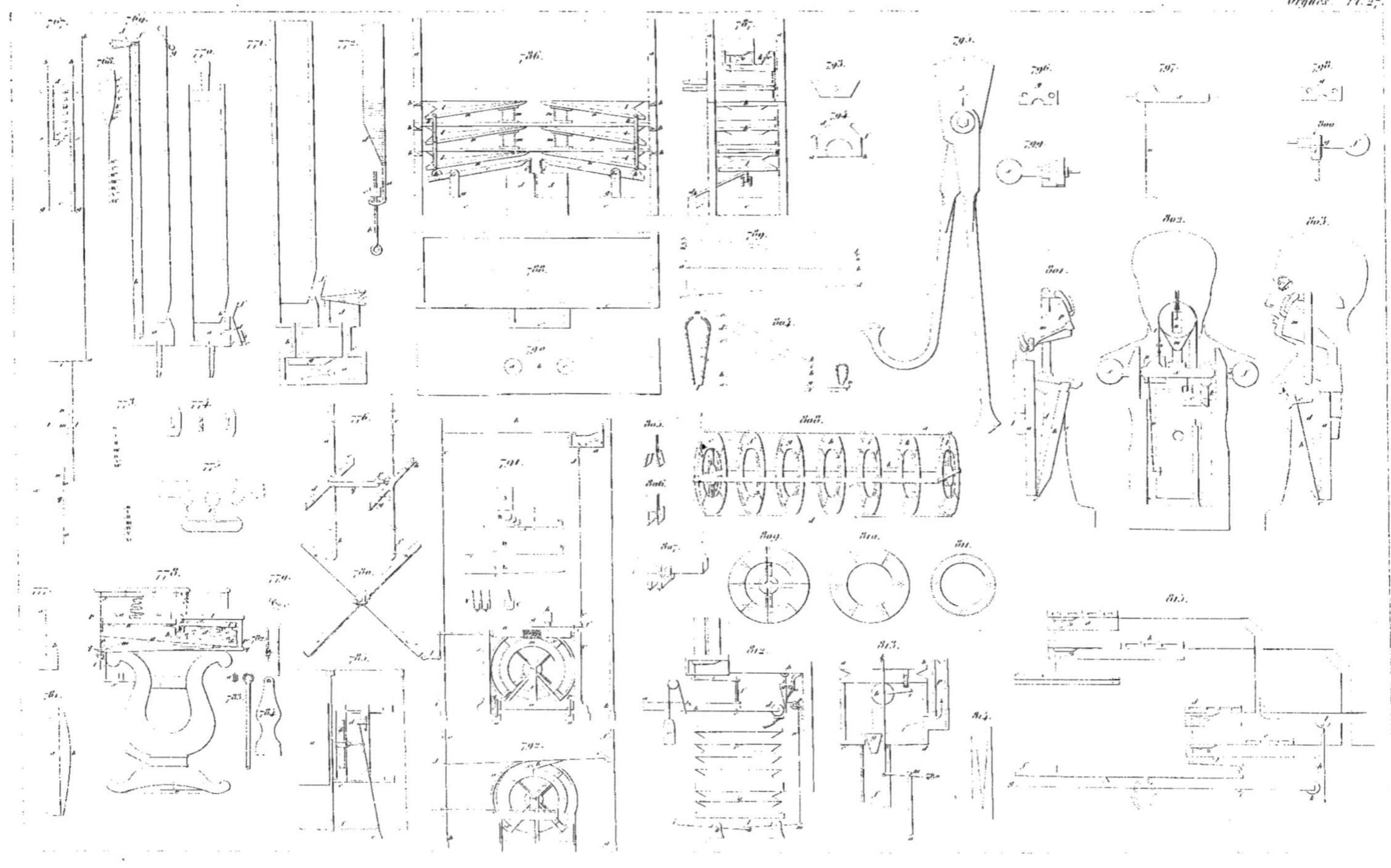

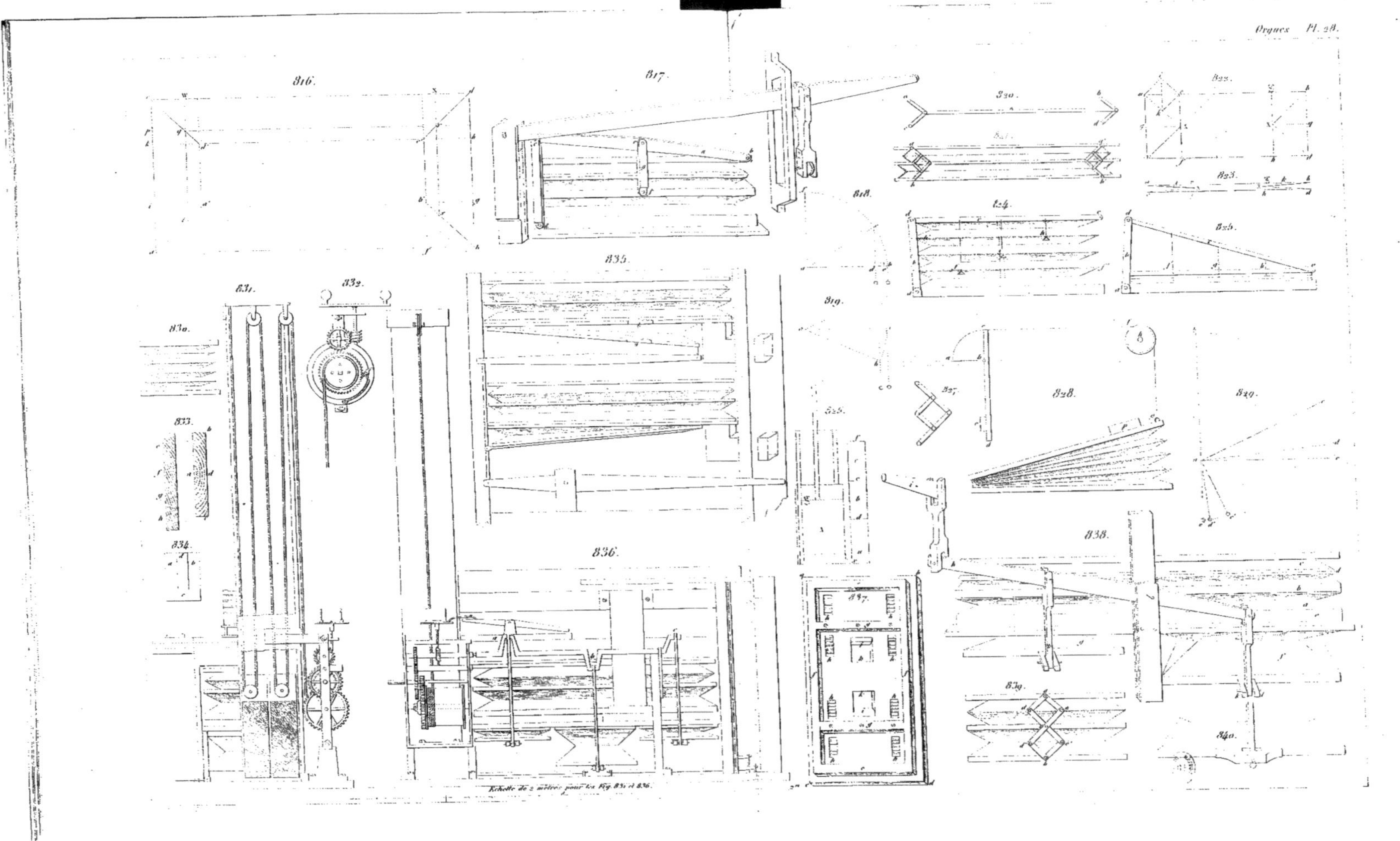
816.
817.
818.
819.
820.
821.
822.
823.
824.
825.
826.
827.
828.
829.
830.
831.
832.
833.
834.
835.
836.
837.
838.
839.
840.
Échelle de 2 mètres pour les Fig. 835 et 836.

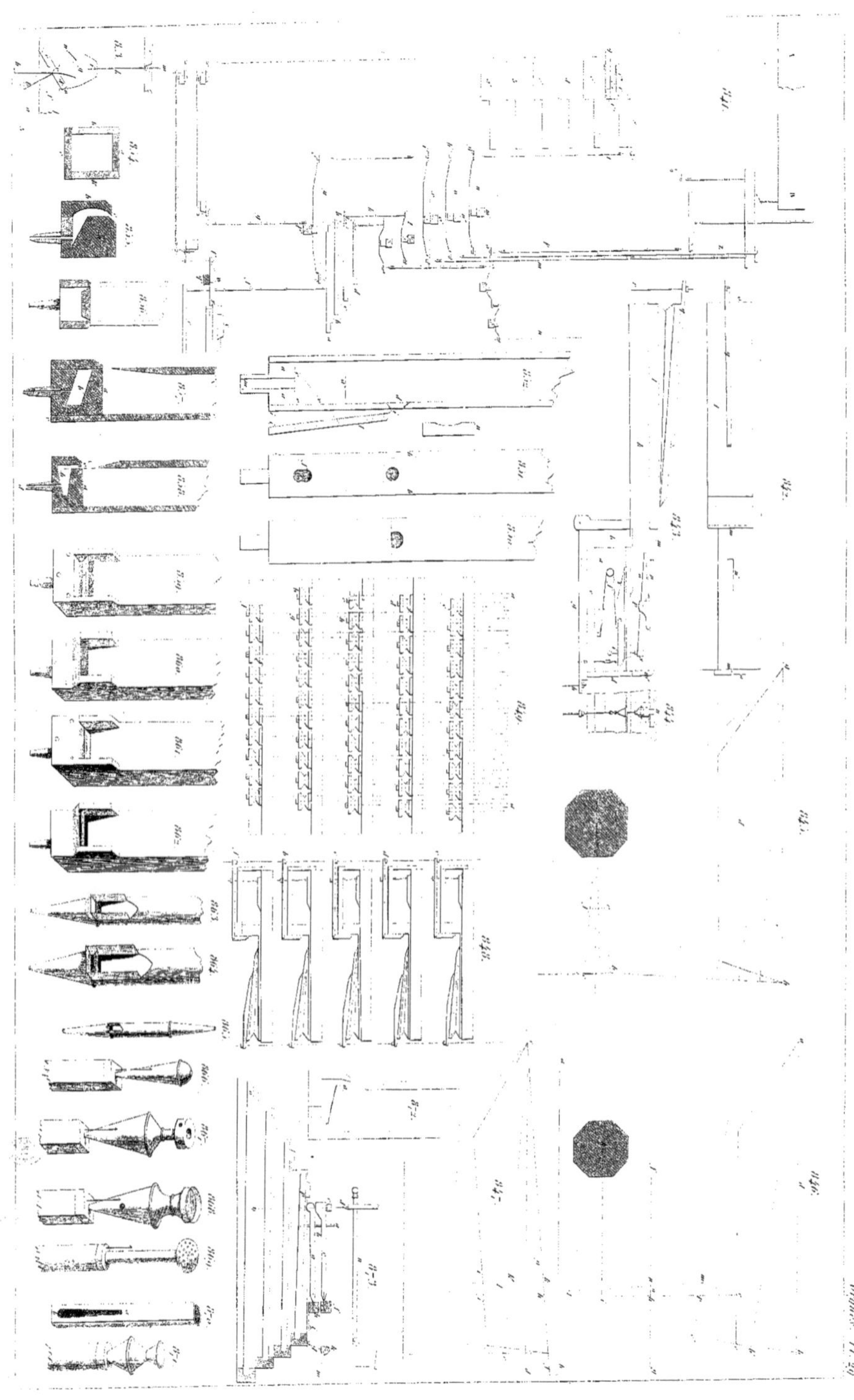

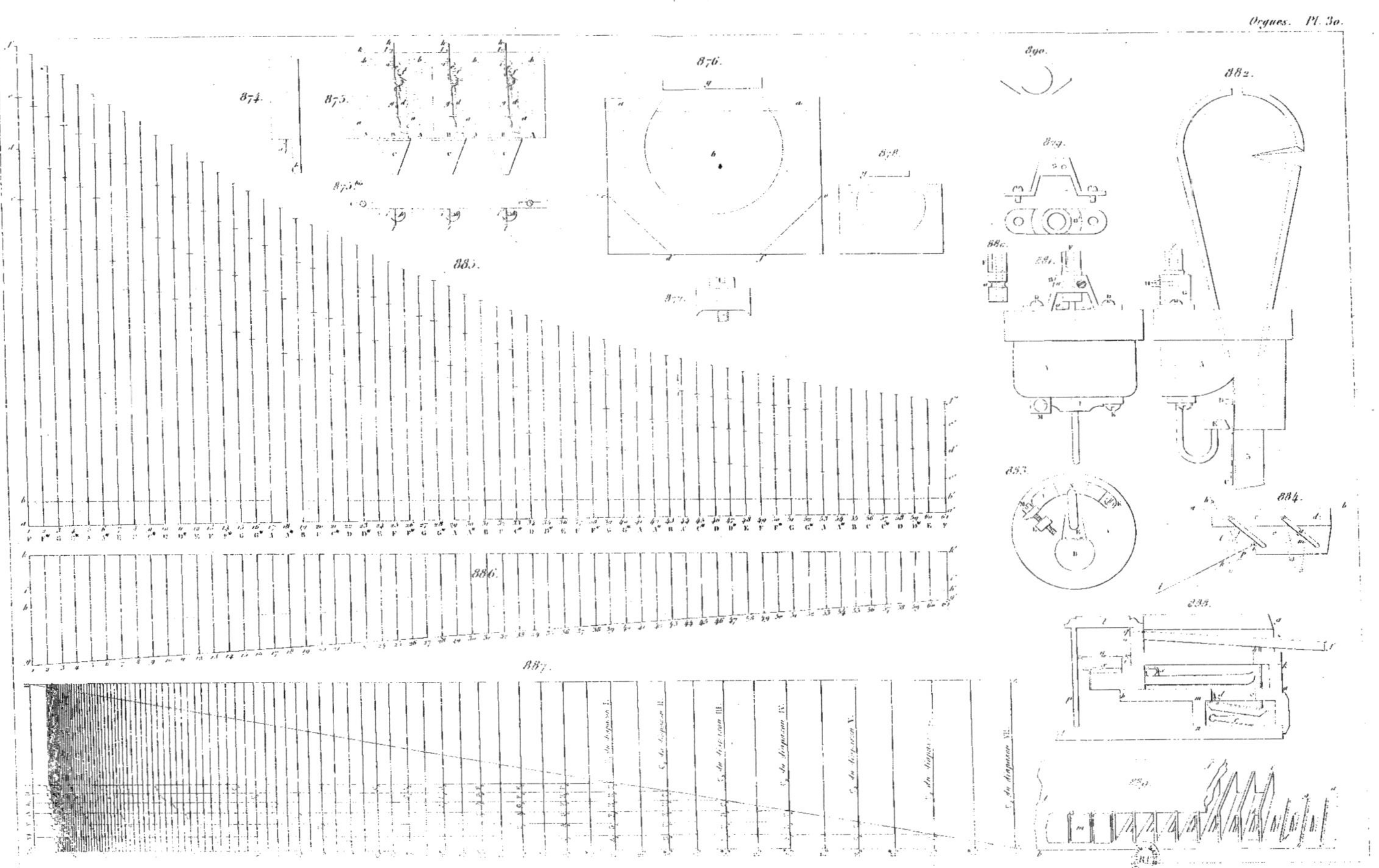
874.
875.
876.
877.
878.
879.
880.
881.
882.
883.
884.
885.
886.
887.
888.
889.
890.
C_1 du diapason I.
C_1 du diapason II.
C_1 du diapason III.
C_1 du diapason IV.
C_1 du diapason V.
C_1 du diapason VII.

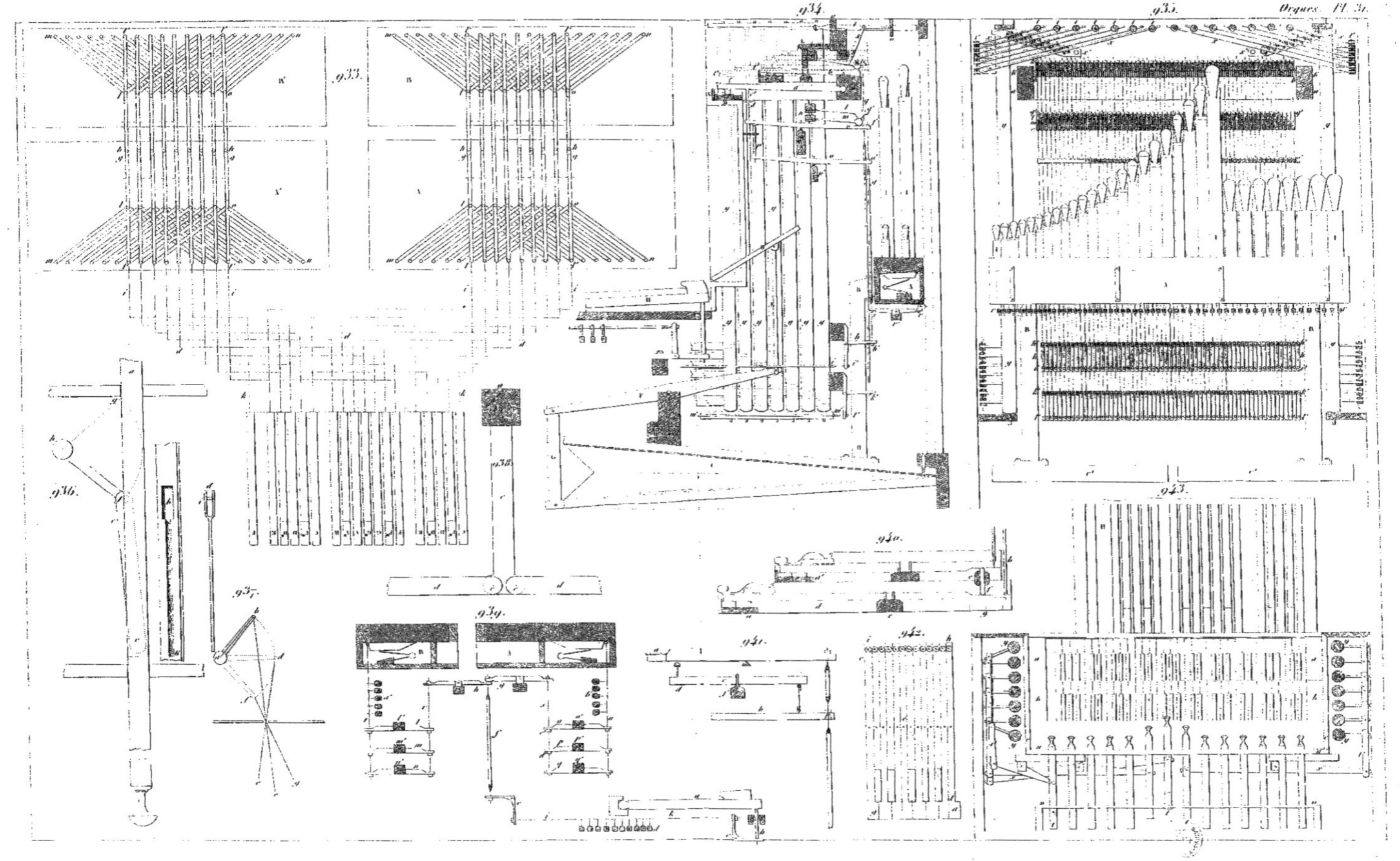
933.
934.
935.
936.
937.
938.
939.
940.
941.
942.
943.

Pl. 32.

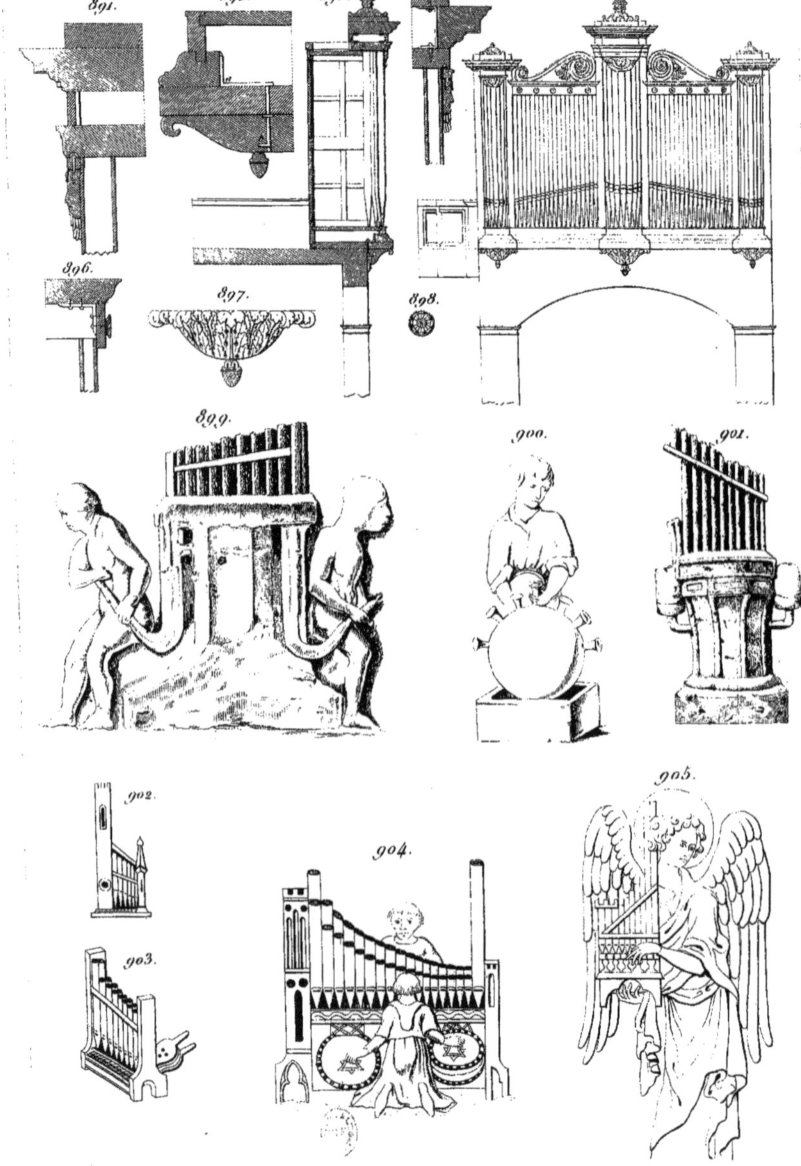

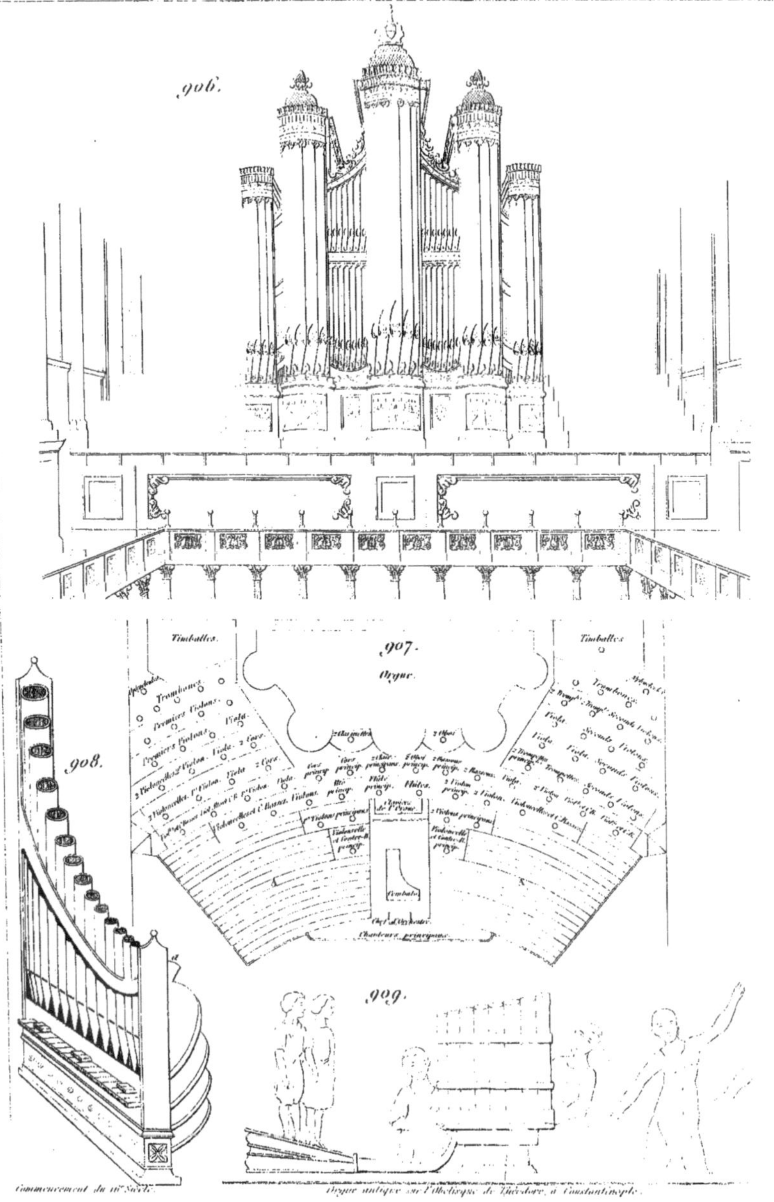

Commencement du 16e Siècle.

Orgue antique sur l'Obélisque de Théodose, à Constantinople.

DÉCORATION EXTERIEURE ES PERSPECTIVE DE L'ORGUE DE L'ABBAYE DE WEINGARTHEN, DANS LA SOUABE EN ALLEMAGNE.

Fait et fini le 24 Juin 1750 par Mr. Gabler Mtre. Facteur d'Orgues de la Ville de Ravensbourg dans le même Pays.

911.

12 pi.

12 pi.

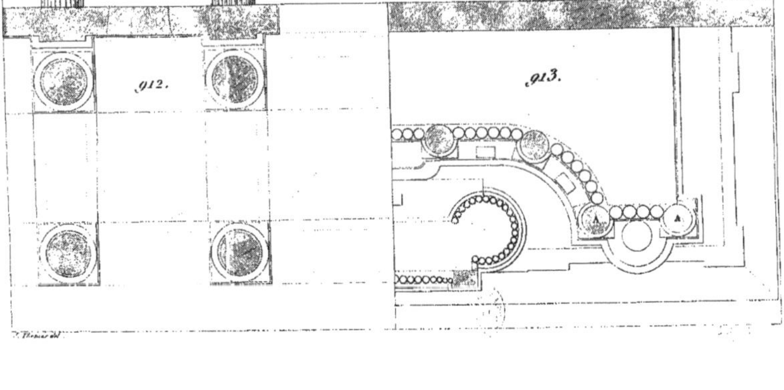

Echelle de 12 pieds.

912.

913.

T. Thomas del.

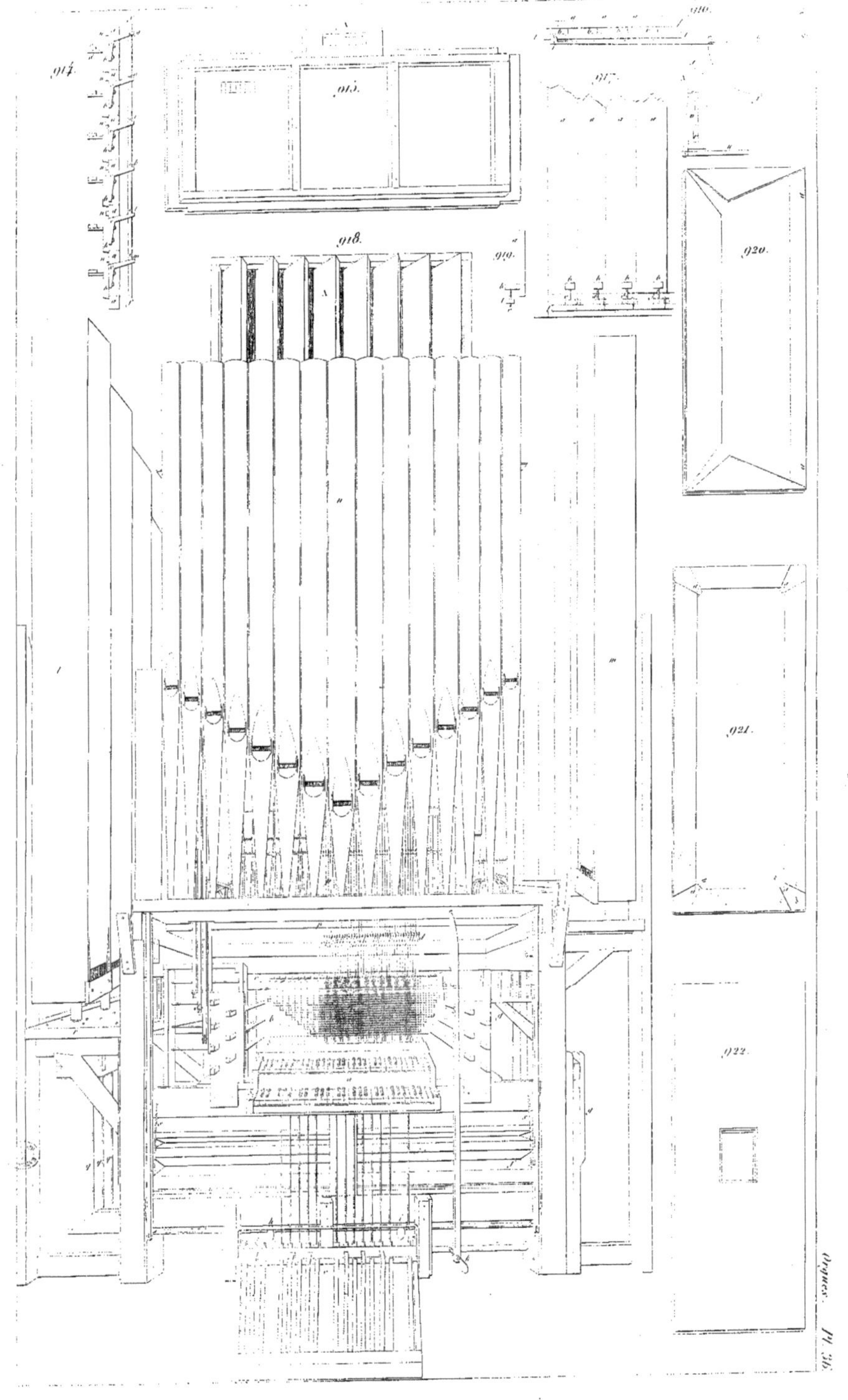
914.
915.
916.
917.
918.
919.
920.
921.
922.
Orgues. Pl. 36.

931.

932.

925.
926.
927.

928.
929.
930.

VUE EXTÉRIEURE DE L'ORGUE DE LA MADELEINE.

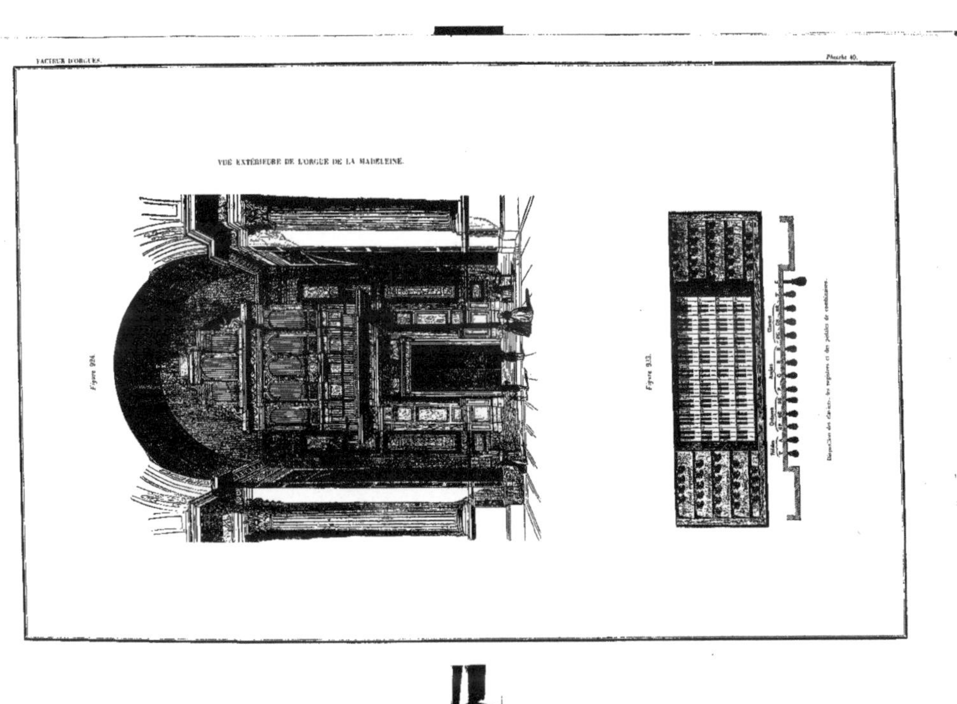

Figure 924.

Figure 933.

Disposition des claviers, des registres et des pédales de combinaison.

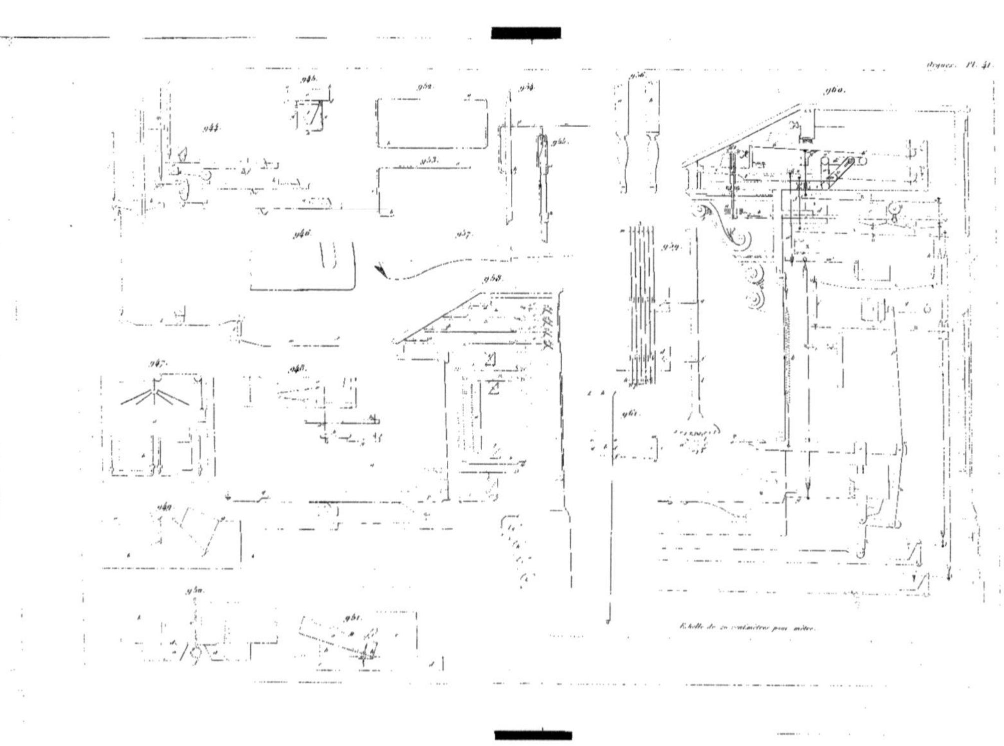
944.
945.
952.
953.
954.
955.
956.
960.
946.
957.
958.
959.
947.
948.
961.
949.
950.
951.
Échelle de 20 centimètres pour mètre.

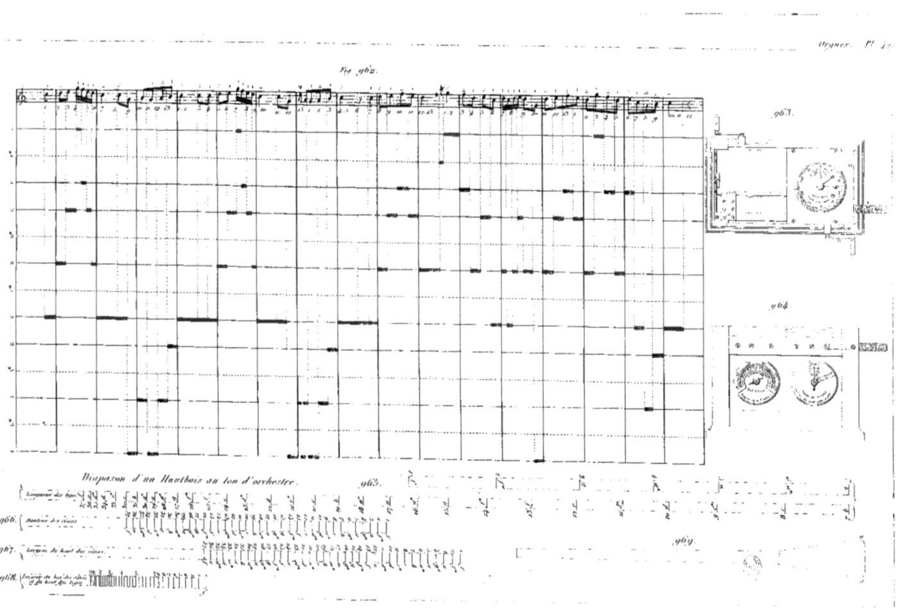
Fig. 962.
963.
964.
Diapason d'un Hautbois au ton d'orchestre.
965.
966.
Hauteur des cônes
967.
Largeur du haut des cônes
968.
969.

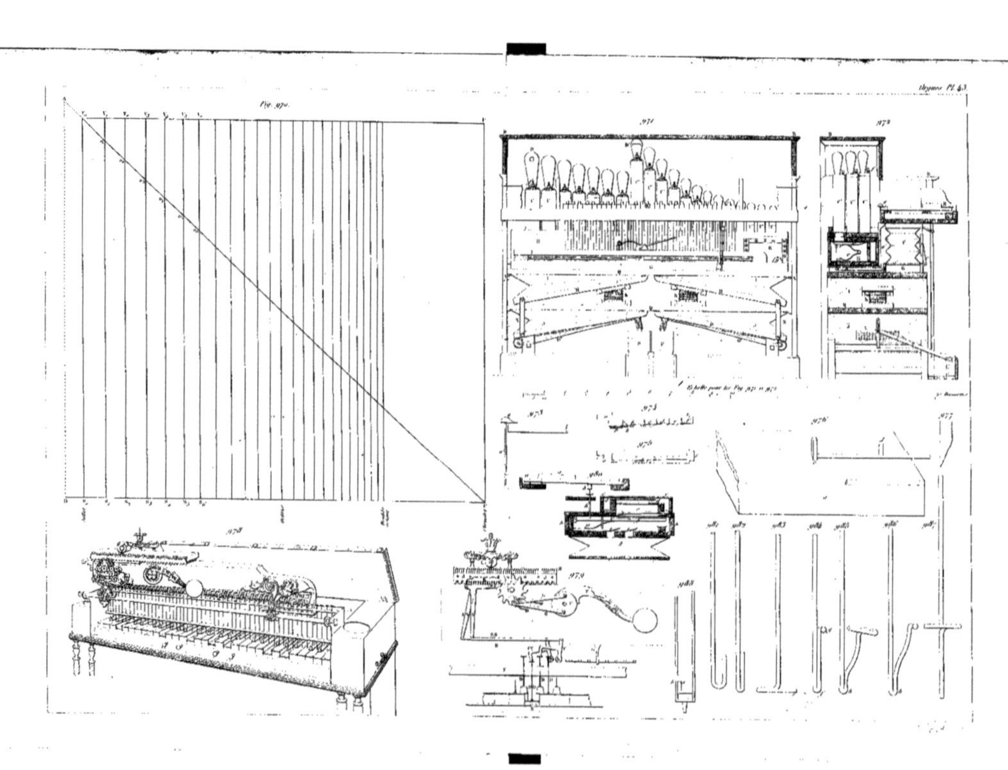

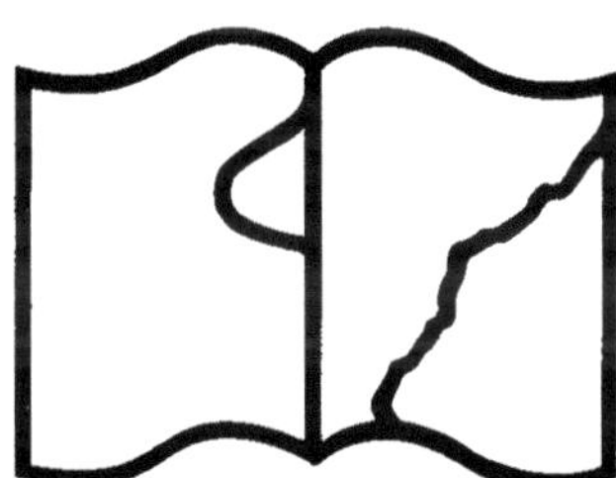

www.ingramcontent.com/pod-product-compliance
Ingram Content Group UK Ltd.
Pitfield, Milton Keynes, MK11 3LW, UK
UKHW021025200726
13857UKWH00004B/1588